だいわ文庫

探すのをやめた瞬間、
「運命の人」はやってくる。

ワタナベ薫

大和書房

はじめに

このままずっと独身かも……と思っているあなたへ

「彼氏よりも女友だちだよね」なんていつも一緒に言っていた友だちに、ついに彼氏ができたとき。

独身の女友だちグループがどんどん結婚していき、心から喜んであげられない自分が悲しいとき。

実家の母から「同級生のM美ちゃん、子ども生まれたんだって！」と電話が入ったとき。

「この際、結婚相談所に登録してでも、結婚相手を見つけようか？」

「いや、そこまでガツガツしたくない！」

と揺れる女心。合コンなんて性に合わないと思いつつ、恐る恐る参加しても収穫ナシ。

または、秘かに思いを寄せる彼に思いきって告白したけれど、「ごめんなさい」と断られる……などなど。

幸せになりたいという思いで努力しているのに、どうしてもうまくいかないと、こんな不安が頭をもたげます。

「もしかしたら、私はこのまま一生独身なのでは？」

でも、安心してください。

彼氏が欲しい、パートナーが欲しい、結婚したい、という願望がある時点で、**あなたは必ず「その人」と出会えるということを、まずお伝えしておきましょう。**

信じられないかもしれませんが、「出会い」に関して、または「運命の人」というものの存在に関して、この本でお伝えする「真実」を理解していただければ、「運命の歯車」は回り出します。

その真実へとつながる行動とは、タイトルにもある「探すのをやめる」

ということです。

運命の人と出会うためには、探しつづけなければいけないのでは？　そう思った方もいるかもしれません。

しかし、この「探すのをやめること」と「運命の歯車」が回ることには、実に密接な関係があるのです。

たとえば、あなたは神社やお寺に行って、彼氏ができますようにと一生懸命お願いをしたことはありませんか？

実はこれ、彼氏ができるのを遠ざける行為なのです。

今、ドキッとしませんでしたか？

こうならないために、この本では出会いの法則から、いつまでも愛される女になるための法則まで、ご紹介しました。

法則に従うことで運命の歯車は回りはじめ、あなたが運命の人と出会わないではいられない状態にもっていってくれるはずです。

そんなわけで、この本では「探すのをやめる」と、なぜ「運命の歯車」

が回りはじめるのか？　そして、巷でよく話題にされる「引き寄せの法則」を味方につける方法とは何なのか？　ということをお話ししていきます。

ちょっとショッキングなことを書いているところもあるかもしれませんが、あなたに「運命の人」と幸せになっていただきたいと思い、真実と現実をしっかり見つめて書きました。

ところで、あなたは「運命の人」というと、どんな人を思い浮かべるでしょう。

一般的に「運命の人」というと、「自分の理想の人」、つまり「自分が望む条件に近い人」のことだと解釈している人がいますが、それはまったく違います。

たとえば、年収一千万円以上で、かつ優しくて、あなたのことをいつも一番に考えてくれる人もいるかもしれませんが、そういった目に見える要素というのは、この本でいうところの「運命の人」の条件には入っていません。

本当の「運命の人」とは、あなたの理想を形にした人ではなく、あなたの人生をより豊かにしてくれる人。そして一緒にいることで、二人とも輝いていられる人のことです。

とはいっても、これではまだ漠然としてよくわからない人もいるかもしれません。

大丈夫です。この本を読み進めていくうちに、これらのことがどんどんクリアになっていきます。そして実践することで、あなたは必ず「運命の人」と出会えることでしょう。

さぁ、一緒に本当の出会いを見つけに行きましょう!

序章

なぜ、これまでの恋がうまくいかなかったのか？

〝願うほど叶わない〟一つの真実

Contents

第2章

こうして二人はめぐり合う
自然と彼を引き寄せてしまう〝出会い〟の力

Contents

第3章

大切なのは第一印象よりも第三印象

目指すのは噛めば噛むほどいい女

第4章

この瞬間、愛は自然と深まっていく

〝駆け引き〟も〝テクニック〟も必要ない

Contents

第5章

二人の愛を永遠のものとするために
穏やかな幸せが訪れる八つの教え

おわりに

序章

なぜ、これまでの恋がうまくいかなかったのか？

〝願うほど叶わない〟一つの真実

余計な言葉に振り回されていませんか？

その価値観、本当にあなたのもの!?

私は、20代の頃から月曜日の21時にテレビにかじりついて、ドラマを見るのが毎週の楽しみでした。
テーマはいろいろですが、最終的にメインキャストの男女が恋に落ちていき、さまざまなかけひきやハプニングによって距離が近くなったり遠くなったり……そして感動のフィナーレへ。

昔から「月9《げつく》」と呼ばれる恋愛ドラマの枠があるのは、やはり多くの女性の心をつかんで離さないからでしょう。

このような刺激的な恋愛をテレビで見ることで、女性は疑似恋愛をし、ストーリーの中に入り込み、涙を流したり笑ったりして、情緒を育てていきます。

また、女性向けの漫画や小説なども、私たちの恋愛願望をグッとつかむようなストーリー展開が考え抜かれていて、ワクワクドキドキ、楽しませてくれるものです。

こういった作品によって、私たち女性の情緒が豊かになることは、人としての深みにつながります。また、同時に女性としての魅力をも高めてくれます。

ただ、一つだけ、これらの作品によって多くの女性がいささか影響を受けすぎてしまう点があるのも事実です。それは、

◎一人でいるのが恥ずかしい、または寂しいことだと思う
◎独身の自分は何かが欠けているような気がする
◎まわりの人が結婚していくことに焦りを感じる

と考えるようになってしまうこと。また、結婚に対して、

◎結婚すれば幸せになれる
◎夫から愛されなければ幸せにはなれない
◎結婚生活は楽しいものだ
◎子どもこそ女の喜びだ

というようなことを、思いこんでしまうことだと思います。

あなたはいかがでしょうか？

もちろんこのような気持ちを持つことが悪いと言っているのではありません。

そうではなくて、もしかしたらこういった気持ちは、もともと自分にあったものではなく、**まわりの影響を受けてできあがった価値観なのかもしれない、と見直してみていただきたいのです。**

もともとあなたの中にはなかった考えが、まわりの人との比較、親や友だちや先生の価値観など、さまざまな影響を受けて「これが幸せの形だ」と植えつけられている可能性があります。

私が生まれたところは東北の宮城県にある田舎町です。

そこで、大人たちが女の子に教えるのは、「早く結婚して子どもを産んで落ち着きなさい。それが一番幸せなんだから。子どもは宝。女の幸せなんだよ」ということ。

これを何年も言い聞かされてきた女の子たちは、当然そのような価値観を持った大人になります。そして田舎に住む彼女たちは何の疑問も感じず早々と結婚し、出産し、女性の一生はこういうものだと思って過ごします。

その価値観は親から子へと伝承されていくのです。

これが悪いと言っているのではありません。

それぞれが自分で選んだ道であれば、大変素晴らしいことです。

でも、なかにはこの価値観に沿った道を歩まない人もいます。

そういった人たちは、もしかしたら自分が劣っているんじゃないだろうか？　自分には何かが欠けているのではないだろうか？　などと苦しんでいるかもしれません。

かくいう私も、20歳の頃から周囲の人に「早く結婚しなさい」「まだ結婚しないのかい？」と何度も言われながら生活し、23歳で結婚しました。30歳で離婚したときも、「早く再婚しろ」「早くお母さんに孫の顔見せてあげなさい」と、関係ない人からも言われてきたものです。

当時はまだ若かったですし、私自身、気の強い性格でしたから、相手に話だけは合わせておいて、言うことをきかない強さがありました。

でも、疲れているときに、「子どもはまだなの？」などと無神経なことを何度も言われると、やはり胸がチクッとすることもありました。

これだけは知っていてほしい

結論からいいますね。

まわりの人があなたに、「これが絶対に幸せになる方法なんだよ！」と言ったとしても、それは「相手にとっての幸せになる方法」にすぎません。

もしくは社会の常識を押しつけているだけかもしれません。

つまり、その常識は、**あなたにフィットするかどうかは別問題であるということです。**

生きてきた時代背景によっても価値観は異なりますし、そもそも人の価値観は千差万別なのです。

さらに、あなたの人生と他の人の人生は、はじめから別々であり、幸せへのプロセスもまったく違いますし、あなたが幸せだと感じるかどうかは、他の人にはわかりません。

ですから正しい答えなんてなくて、すべては自分で探すしかないのです。

本書では、**できるだけそういった「固定観念」から解放されて、あなたが本当はもっと自由な選択をできる存在である、ということを知っていただきたいと思っています。**

もっと自由にやりたいことをやってもいいし、もっと自分が楽しむことを優先していい——そしてそれが、本書のタイトル「探すのをやめた瞬間、運命の人はやってくる」ことにつながるのです。

「探すのをやめる」ことと「出会い」との関係

そんなの無理!? と思っているあなたへ

タイトルを読んで、「探すのをやめることが、出会いとどう関係があるの?」と思われた方もいることでしょう。

実はここには、ある法則が関係しています。

前の項目で「他人の価値観は必ずしも、自分の人生に当てはまるものではない」というお話をしましたが、一方で**夢や目標をかなえるための法則というのは、人類共通です。**

もしかしたら「引き寄せの法則」という名前を、あなたもお聞きになったことがあるかもしれません。

これは「**自分が意識を向けたものを引き寄せることができる**」というもので、とてもシンプルな法則です。

しかし、多くの人は「そんなの無理！」と思っています。

でも、法則とは数学の公式のようなもので、不変の決まりごとなのです。

このシンプルな法則にさまざまな名前をつけて、○○メソッドとか○○のルールといっては新しい本も生まれていますが、使っているメインの法則は同じなのです。

使い方には注意が必要

ただ、この法則が独り歩きしてしまって、「なんでもかんでも、願いさえすれば、叶うもの」だと思い込んでいる人がいるのも事実です。

そして、シンプルな法則だけに、使い方を間違うと全然違う結果になってしまう可能性もあるのです。
私は目に見えない世界も信じていますが、かなりの現実主義者でもあります。
本書は、そういった夢だけ与えたり、モチベーションだけを高める本ではありません。
これからたった一つの「真実」をお伝えしたいと思います。

なぜ、欲しいと思えば思うほど手に入らないのか？

無意識のうちに支配されているもの

実は、一般的に知られている「引き寄せの法則」には、前提が必要です。

前提というのは、ある条件が整ったときに引き寄せの法則は働く、というもの。

そして**その前提こそが、「手放す」ということなのです。**

ためしに、あなたの願望の根拠を深掘りしてみましょう。そもそも、なぜ彼氏が欲しいのでしょうか？

答えは簡単ですね。彼氏がいないからです。

彼氏がいない、だから欲しいと思う、とてもシンプルな方程式です。

しかしここに重要なポイントが隠されています。

ちょっと話は変わりますが、あなたは「潜在意識」という言葉をお聞きになったことがあるでしょうか？

これは、フロイトというオーストリアの精神科医が発見したものですが、彼によると、人の意識というのは「潜在意識」と「顕在意識」という二つに分かれています。

潜在意識は無意識ともいわれ、私たちの価値観や物事の動機、セルフイメージなどをつかさどっています。そして、顕在意識とは今この瞬間にも働いていて、物事を考えている意識状態のことです。

実に、**この意識が影響を及ぼす比率は、97%対3%ともいわれており、圧倒的に潜在意識のほうがウエイトを占めています。**それゆえに、潜在意識と顕在意識がケンカをすれば、圧倒的に潜在意識が勝ちます。

私たちの人生は潜在意識によって、つまり無意識に支配されていると言っても過言ではありません。

よくこれは、氷山にたとえられることがあります。氷山は、キレイな水色をしていて、海の上に少ししか顔を出していませんが、海面の下にはとてつもなく大きな氷の塊がひそんでいて、その大きさは計り知れないほどです。

潜在意識の中で、自分のことを素晴らしい人間だと思っていれば、本当に素晴らしい人としての言葉遣いや振る舞いになり、最低の人間だと思っていれば、そのような言動になるのです。

これをセルフイメージといいます。

ですから、潜在意識をどう活用するかで、人生の質も変わってきます。

神様にお願いすればするほど、縁は遠のく⁉

さて、「彼氏が欲しい」というのは、「彼氏がいない」という事実の裏返しだと先ほど述べました。

つまり、「彼氏が欲しい」と願えば願うほど、口に出して言えば言うほど、逆の「彼氏がいない」ということも自分の脳に強くインプットされていきます。とくに強調されたことは、やがて潜在意識に組み込まれます。

するとどうなるでしょうか？

潜在意識は、あなたの人生を組み込まれた通りにしようとする力が働きますから、「彼氏がいない」人生をつくってくれるのです。

おわかりになりますか？

そうです、**ちゃんと願いが叶っているのです。**

彼氏が欲しいからと神社やお寺にお参りに行って、何度もお願いしているという人がいますが、こういった方々は、逆に彼氏ができづらくなってしまいます。

つまり、彼氏ができないのは、「彼氏が欲しい（つまりいない）」という願いが叶えられているわけです。

その人の深層心理が現実になっているということです。

信じられないと思われるかもしれませんが、これが実際に起きていることなのです。

では、どうやって「彼氏が欲しい」という願望を叶えたらよいのでしょうか？

ここでやっと、**「手放す」ということが登場します。**

彼氏が欲しい、欲しい、欲しい、と願い続けるというのは、逆にその状況にいることを自分のデフォルトモードにすることを意味します。

彼氏ができなければ、私は幸せになれない。彼氏ができなければ負け組のままだ。彼氏ができなければ一人前の女性になれない。深層心理でそう思っていることになるのです。

この感情を手放さない限り、引き寄せの法則はあなたにとってプラスの方向には働いてくれません。つまり、**こういった、「執着」を手放すことが大切なのです。**

自分の本当の願いを見直す

できないのは願望がすり替わっているから

「彼氏ができない」ということには、別の理由もあります。
実は、**彼氏をつくることが真のゴールではない人がたくさんいるのです。**

◎なぜ彼氏が欲しいの？
◎何が手に入るの？
◎今と違ったどんな感情を得たいの？

こういった質問に対する答えが真のゴールのヒントになります。

そのため、私がやっているコーチングセッションで恋愛についての話をするときには、「あなたはなぜ彼氏が欲しいの？」という質問からはじめます。

その回答が「彼氏ができると寂しくないから」と出てきたときは、**その人のゴールは「彼氏が欲しい」というよりも「寂しくなりたくない」である可能性があります。**

なぜこのような質問をするかというと、冒頭にも述べましたが、多くの人はまわりの人や環境に影響されて価値観を形成しており、**自分の本当の望みを知らないままでいることが非常に多いからです。**

予想もしない答えがあなたを待っている

本当の自分の気持ちが見えなくなってしまって、流されていることに気づかないことが多いのです。

そして、自分と正直に向き合って本当に自分が求めているものってなんだろう？　と考えてみたときに、自分が予想もしていなかった答えが、フッと降りてくることがあります。

そこに大切なキーワードが隠れていることがあるのです。

もしかしたら、**寂しさを埋めるためなら彼氏じゃなくてもいいかもしれません。**

趣味でも友だちでも家族でもいいのかもしれません。

表層部分の願望＝彼氏探しをするよりも、自分が寂しくないような環境をつくること、つまり言葉を変えれば、「楽しい人生」にすれば、この問題は解決してしまうわけです。

大事なのは、自分でそこに気づくこと。

そしてそういう自分を素直に受け入れてあげて、認めてあげることです。

「あ、そっか、自分は寂しかったんだ」とか、「安心感がほしかったんだ」と認めることなのです。

その瞬間、すべてはうまく回り出す！

気持ちが軽くなり、違う点にフォーカスしやすくなる

認めることさえできれば、あとは流れが変わるきっかけを得たようなものです。

脳科学でも言われていることですが、**負の感情というのは自分で気づき、その感情を認めてあげると一気に小さくなるからです。**

つまり、悩んでいた気持ちが軽くなり、違うことに目がいくようになるのです。

ですから、こんなことを考えてはダメだ、ダメだと自分を否定するのではなく、自分の中で不安と闘っているもう一人の自分を見つけてあげて、慰めてあげましょう。

「もう大丈夫だよ」と自分に言ってあげることが大事なのです。そうすることで心が浄化され、執着が消えはじめます。

彼氏が欲しい理由が、寂しいとか安心感を得るためなどの「自分の心の隙間を埋めるための理由」の場合、それは「依存」です。

依存心は、人生の中心に「自分」ではなく「他人」を置くということ。だから、いつも不安と隣り合わせで、欠乏感にさいなまれてしまいます。

欠乏感は、幸せに結びつくことはなく、他人からの関心を求め続けます。自分一人で満足することができないので、さらに多くを求めるようになります。そうすると、結局は自分もまわりも疲れてしまうのです。

この感情から解放されるためには、まずその状況に気づくこと。そして今あるものに感謝することです（感謝することと引き寄せ力の関係については、あとで詳しく扱います）。

これによって、本当の意味で執着を「手放す」ことができます。

執着がなくなった状態とはどのようなものでしょうか？

それは、自分の足で立っていて、自分を人生の中心軸に置き、しっかり回っている状態。自分が楽しいことや、やりたいことをイキイキと追い求めている状態です。

そのときに引き寄せの法則は、あなたの望むものをグングン引き寄せてくれる強力なツールとして働いてくれるようになります。

さぁ、運命の人と幸せになりましょう！

この引き寄せの法則を運命の人探しに落とし込むとどうなるでしょう。

それは、**目の前に起きることを素直に受け入れていけば、探し回らなくてもあなたに必要なものや必要な人は、勝手に現れてくるということです。**

ただ、もし目の前に「あなたにとっての運命の人」が現れてもそれをキャッチできないのではないか？　と不安があるために、あなたはこの本を手にされているのかもしれません。

運命の人とは、「はじめに」にも書きましたように、「条件がいい人」のことではありません。

「あなたにとっての最高の人」「あなたにとっての最もふさわしい人」「お互いの人間性を高め合える人」です。

そのような人に気づくためには、今までの固定観念を捨てて自由な思考になり、引き寄せ力をアップさせて、女性として輝く必要があります。

まずは、土台となる部分を強化していきましょう！

第1章ではその一番コアな大切な部分を扱いますので、じっくりおつきあいくださいね。

第1章

まずは「整える」ことからはじめよう

〝見た目〟よりもっと大切なこと

理想の人を引き寄せるための基本のキ！

土台はどこにありますか？

運命の人を引き寄せるにはどうしたらいいのか——。

もしかしたら、オシャレな人になって、痩せて、モテる自分にならなきゃ！　と思う方もいるかもしれませんが、実はそれよりもっともっと重要なことがあります。

外見を整えるのは、家を建てることにたとえると、外壁やインテリアをどんなふうにするのか？　ということと同じ——。

しかし、外壁やインテリアより、もっともっと大切なことがあるのはご存じですよね。それは、**土台の部分です。**

いくらインテリアや外壁が好みであっても、「価格を抑えるために、土台の鉄筋が少なくなっています」とハウスメーカーが言ったとしたら、誰がその家を買うでしょうか？

もしあなたが「女性は見た目が一番！」だと思っているとします。

では、理想の人を引き寄せるための、土台ともいえる部分とは何でしょうか？

これから書くことはこれから女性として生きていくうえで最も重要なことです。

それは、**自分を愛していることです。自分を一番大切にできることです。**

そんなことはもう何度も聞いてきた、と思った方もおそらくいることでしょう。

しかし、これがない限りは、残念ながら理想の人や運命の人を引き寄せることはできません。

きつい言い方かもしれませんが、自分を愛していない人を誰が愛してくれるでしょう?

「こんな自分は嫌い!」と思っている人を、他人が好きになってくれると思いますか?

ところで、自分を愛していない状態や自分を愛している状態、とはどのようなことなのか――。

簡単にいいますと自己否定しているかどうかです。

自己否定を常にしている人は、自尊心がありません。

人は自尊心がないと自信が持てず、それゆえいつも他の人を優先させてしまいます。また、**自尊心のなさは表情や姿勢にも表れ、結局は外見にも影響を及ぼします。**

そんな状態では、残念ながら運命の人に見つけてもらうことはできません。

心の中の小さなあなたは泣いている

ここで、あなたの自尊心はどれほどあるかチェックしてみましょう。次の中から自分に当てはまると思うものにチェックをつけてみてください。

□自信がない
□まわりの目が気になる
□他人の意見はすべて受け入れてしまう
□自分の失敗を笑えない
□自分を変えたい
□周囲に対してイライラしている
□自分の嫌いなところ10個は簡単にあげられる
□人と比べてしまいがち
□自分には魅力がないと思う
□落ち込みやすい
□自分が好きか嫌いか？　といわれたら嫌いである

□自分の間違いに敏感である
□他人に厳しい
□あまり笑わない
□自分は何か大きなものが欠けていると思う

さあいかがでしたでしょう。

このチェックリストの五つ以上に当てはまるところがあるようなら、ちょっと自尊心が低めといえます。

もちろん、自分が好きではない、と言われる方の多くは、向上心があって、もっとよくなりたい、という気持ちを持っているものです。

しかし、**同時にその向上心が、「できない自分」「理想の自分とは違う今の自分」を否定してしまう傾向もあります。**

がんばっているあなたは、なかなか今の自分にＯＫを出すことができず、ついつい自分いじめをしてしまっていませんか？

かわいそうなことに……心の中の小さなあなたは泣いているのです。

「できない自分」や「理想とは違う今の自分」に、ときにはネガティブな気持ちが出るかもしれません。でも、それは向上心のあらわれだと思って、ただ今の自分を認めて、受けとめてあげてください。

あなたが受けとめないで、誰がそれを慰めたり、受けとめてくれるでしょう。どんな嫌な自分が見え隠れしたとしても、それは今の自分の努力に気づいて欲しいというサイン。

受けとめる練習をしてあげるだけで、少しずつ自分を愛する気持ち、認める気持ちは育っていくものです。

運命の人はすぐそこにいるのです。そして、あなたが自分を否定せずあなたらしくいることで、出会う確率はグーンとアップします。

だからこそ、まずは自分を愛し大切にしてくださいね。

あなたが運命の人と出会えなくなっている本当の理由

「友だちの幸せ」悔しく思っていいんです

彼氏が欲しい！　と強く思っているときに、友だちに彼氏ができて先を越されたり、または結婚式の招待状が届くたびに胸を痛め、心から祝福してあげられない自分を責めてしまったり……。

このような体験をしたことがある女性は多いと思います。

こんなときには、胸や心が詰まった感じになることでしょう。

しかし、その状態ですと、なかなか自分の出会いも遠のいてしまいます。

この項目では、そんなことが起きても「心のパイプ」を詰まらせない方法と、結婚できないかもしれない、という「思い込み」をはずしていきたいと思います。

心のパイプが詰まるのは、「否定」の気持ちが原因です。

それは、他人への否定も含められます。

たとえば、彼氏ができた友人に、「M子は男性に取り入るのが上手だから彼氏ができたのよ!」と皮肉な気持ちを抱いたり、さらには、「人を祝福できない自分はダメだな……」というような自己否定をしてしまったり。これらのことはすべて心のパイプを詰まらせることになります。


悔しく思ったり、悲しく思ったり、つらく思っても、いいんです。


当たり前です。そういう気持ちがあっても当然です。

ですから、決して自分を責めないでください。友だちのことも無理に祝福しようと思う必要はありません。心からあなたが祝福してあげられる日が来てからでいいのです。

喜べるようになったら喜んであげましょう。それからがはじまりです。

そう思えただけで、何となく心がスッキリしませんか？

そう、これが心の通りがよくなり、執着も少し小さくなり、心のパイプの詰まりがなくなっていく感覚です。

思い込みや執着にとらわれていると……

心のパイプが詰まると、それと比例して、引き寄せ力が弱まります。

出会いもエネルギーの循環と同じですから、この循環がうまくいかないと人生の流れもうまく流れなくなっていきます。

この流れに逆らうことは、出会いのパイプを詰まらせているか、もしくは遮断する行為になるのです。

たとえば、どんなことでしょうか？

あなたは、「私は結婚できないかもしれない」と、心の奥底でチラリとでも思ったことはありませんか？

もしくは「私、このまま一生独身で一人で生きていくのかも」と思ってしまったことはありませんか？

独身の女性なら、一度や二度は思ったことがあるかもしれませんね。私も30歳以降、何度その思いがよぎったことか……（笑）。

実は、**この潜在意識に刷り込まれた思い込みが、この不安を現実にしているのです。**

私たちの思い込みはすべて成就することになっています。心の中で感じたことは波動となって外側に出ます。そして、その波動と同じ人や事象、物事と引き寄せあうのです。

つまり、「結婚できないかもしれない」という不安や思い込みが、自分の願う未来とは真逆の状態をつくってしまっているのです。

また、結婚に対しての執着も同じことです。

これは一度はまってしまうと、やっかいなサイクルです。

「結婚したい！」という強い願いは、「私は結婚できないタイプかもしれない」という思い込みと、強い執着をつくってしまうので、とても危険です。

どんどん年をとってくる、老けてくる、もしくは年齢とともに基礎代謝率も下がり最近太ってきた……そういったところにばかり目がいき、どんどん自分が結婚できない気がしてならない、という不安と思い込みを強めていっているのです。

容姿や年齢は関係なく、妥協をやめる

ここまでご理解いただけましたでしょうか。

さて、出会えなくしている理由をお話ししましょう。

あなたは、人生や、生活におけるほんの些細なことを選択するときに妥協をしていないでしょうか？

何かを決定するとき――たとえば、レストランでメニューを決めるとき、「これがいい！」ではなくて、「とりあえずこれでいいか……」になっていないでしょうか？

洋服を選ぶときも、欲しいものよりも安いほうを優先して、「これが欲しい！」ではなくて「ま、これでいいか……」にはなっていないでしょうか？

日常の小さな事柄の決定において、いつもいつも「これがいい！」ではなくて、「これでいい」になっていると、もし、男性と出会っても、「この人で手を打っておこうかな……」などのように、妥協になってしまうかもしれません。

結婚とは「幸せにしてもらう」ためのものではありません。あなたが本当に愛する人にめぐり合って、その人を幸せにしたい、その人に愛を与えたいという実践の場ですから、妥協でするものではないのです。

そして、もう一つ最後に重要な事柄です。この気持ちを持っていると、さらに運命の人と出会いにくくなるものです。それは「**欠乏感**」です。

彼氏がいないこと、独身でいることは女性としてどこか欠けているのではないか、という思い込みです。

もしかしてあなたは今、そんな気持ちになっていませんか？　この「欠けている」、という気持ちは、「満たされている」感覚と逆のものです。

ちょっと想像してみてほしいのですが、「私は欠けている……」と思っている女性と、「私は満たされている！」と思っている女性は、外見に何か違いはあると思いますか？　表情はどうでしょうか？　立ち居振る舞いは？　姿勢は？　言葉遣いは？

想像しただけでもおわかりかと思います。**欠乏感は、オーラの輝きを奪い、姿勢や表情からも美しさを奪っていくのです。**そうです。**自信のなさが表面化するのです。**

また、「欠けている」という気持ちが「欠けている」ということを引き寄せます。「欠けている」波動（周波数）を発信し、それと同じものを引き寄せてしまうのです。

でも、**すべての人は、みな自分の「運命の人」に出会えます。**

容姿は関係ありません。

年齢も関係ありません。

きちんと出会いの準備さえできていれば、必ず出会えるようになっているのです。安心してください。

私の友人で、自分のことに没頭してイキイキと生きている人で、50代半ばで初めて結婚した人もいますし、バツイチ子持ちの40代の方も何人も結婚しています。

世間的には不利な状況に見える人でも、必ず運命の人と出会い、幸せになれるのです。

よくない思い込みとサヨナラする儀式

五感を使ってすっきりしよう

さて、前項では、自分に限界をつくっている「思い込み」について書きました。

もともと、この「思い込み」というものは、プラスであれマイナスであれ、すべてを現実にしてしまう大きなパワーがあります。

思い込みは私たちの無意識の部分がコントロールしているので、自然とその思い込み通りの行動をして、現実にしてしまうのです。

これが、マイナスの思い込みの場合はやっかいです。

そこで、これを手放す儀式をいたしましょう。

まず、頭の中でも紙に書いてもいいので、結婚や彼氏をつくることに関してブレーキになっているであろう自分のマイナスの思い込みをあげてください。
「ブスだから」「年だから」「自信がないから」「性格が悪いから」「バカだから」「センスが悪いから」……などなど、いろんなマイナスの考えが思いつくかもしれません。ここで、これらを消し去る儀式をやってみましょう。

頭の中であげた方は、目を閉じてそれを体の中のどの部分で感じているかを特定してください。

次に、**それをイメージの中で、体の外に取り出して手の上に乗せてください。**

どんな形をしていますか？　どんな色ですか？　匂いはしますか？　動きは？　などなど、どんどんイメージを明確にしていきましょう。

そして、それを自分の好きな色にイメージしてみたり、大きさを10分の1くらいにしてみたり、パチンコ玉くらいにしてみたり、手の上で転がしてみたり、自分の心が軽くなる感じの形や色にしてみてください。

そのあと、その小さなあなたの思い込みの形をどうするかは、おまかせいたします。

宇宙に思いっきり放りなげて、爆発させるイメージを描いてもいいでしょう。

床に、ポンと落として、何度も踏みつけて粉々にしてもいいでしょう。

燃やして灰にしてもいいでしょう。

あなたが楽になる形を思い描くだけでOK。

放り投げたり踏みつけるときは、実際に体を動かしてやってみてください。

なかには、その最初の思い込みの形をハートに変えてピンクにして、すべてプラスの思い込みに変えてから、体の中に戻す、というやり方をされる人もいます。

自分にとってやりやすい方法で終えていただいてかまいません。

また紙に書き出した方の儀式としては、その書き出した紙をビリビリに破いて、文字通り燃やす、というのもいいでしょうし、マジックでその文字を真っ黒に塗りつぶし、「もう、この思い込みとはサヨナラする！」とハッキリ口に出して、別れを告げてもいいでしょう。

どのやり方でもＯＫです。全部やってみてもいいでしょう。

〝一瞬〟を目指さなくてもいい

こうした五感を使った形で思い込みを壊すやり方は、神経言語プログラミング（ＮＬＰ）ではよく使う手法です。**認知を変えてあげることで、思い込みを変えたり、体を軽くしたり、行動を変えたりするのに役立ちます。**

そして、これをやった後に、今度はよい思い込みを刷り込んでいきましょう。

言葉の力を借りて、自分の中で優れている点に目をとめ、「私はキレイになる！」「私ならできる！」「私はますます魅力的になっている！」と声に出していってみましょう。

このような肯定的な言葉を自分にかけてあげることを、アファメーションといいます。

私たちは、普段気づかない無意識（潜在意識）に支配されて生活していますが、これはその無意識の部分にポジティブな思い込みを刷り込むことができる、最も簡単な方法です。

アファメーションは、最初は言葉に違和感を感じたとしても、繰り返すことでだんだん違和感がなくなり、普通に受けとめられるようになっていきます。

そうすると、「できない」という思い込みがはずれるので、行動力もアップし、気持ちもどんどん前向きになっていきます。

ポイントは、決して疑わないこと。自分が間違いなくそうなるんだという確信を込めて言うということです。

よくない思い込みは、まわりの人からのさまざまな言葉や自分へのネガティブな声掛けによって、でき上がっていきます。

長年培われた思い込みは、一瞬で消えて二度と戻ってこないわけではありません。

ゆっくりじっくり丁寧に自分と向き合う姿勢で臨みましょうね。

人が無意識に察知していること

他人をも大切にできる人

ここまでのところで、自分を愛することや自分を大切にすること、またマイナスの思い込みを変える、などの土台の部分についてお話ししてきました。

でも、なぜそれが大事なのでしょうか？　実はそれらは、まわりの人からの評価を上げることにつながっていくのです。

自分のことが好きで自分を大切にできる人は、他人をも大切にできる人です。

私たちは人を見て、無意識にその人の人となりを察知しています。自分に手を掛けずおおざっぱでいる人は、無意識にそのことをキャッチされ、他人のこともそう扱うのではないか？　と思われています。

自分にしっかり手をかけて清潔にし、手入れをしている人を見たときには、自分もそのように丁寧に扱われるのではないか、と人は感じます。


もう少し詳しく説明しますと、自分に手をかけることができるということは、少なくとも何が足りていなくて、どう手をかけたらよくなるか、その方法を知っている、そして自分がどうなりたいかのゴールが明確であるということです。

これらは、自分への関心、観察力、イメージ力、行動力がないとできないことです。

ですから、自分に手をかけることができる＝いろいろなことに気づける人、ということになるのです。

それゆえに、**自分にしっかり手をかけている人というのは、自信のある外見にもつながり、他の人から見ても好感度が高いのです。**

誰かに好きになってもらいたいと思うならば、まずは自分を好きになるためにできることをしましょう。すると、自分のことがもっと好きになり、もっともっと自分を大切にできるようになります。

とびきり美人でなくていい

また、美意識が高い人は外見に手をかけることが習慣になっています。もし、習慣になっていないなら、外側に手をかけることに意識を向けて行動してみましょう。

そう、それはあなたがあなたらしく女性として輝く方法でもあるのです。

◎最も似合うヘアスタイルとメイクを研究する
◎おしゃれに興味を持ち、ファッションを楽しむ
◎先端の手入れを怠らない（指先、つま先、毛先、かかと、肘、靴の手入れ）
◎ボディケア、スキンケア（無駄毛の処理、セルフマッサージ）

とびきりの美人になんてならなくてもいいのです。

こうした事柄に意識を向け、手をかけているうちに、「ああ、自分を大切にしているな～」という心地いい感覚が湧いてくることでしょう。ここが大事なのです。


そして、私が個人的におすすめする部分は脚の手入れです。

脚は、自分の重い体重を、そして身体全体を支えてくれています。

大地に立ち、ときにはつらいことがあっても、踏ん張って倒れないようにしてくれています。「私の脚、けなげだわ～」とさえ思います。

また、私は足の裏を見ると、愛おしくて頬をスリスリしたい気分になります。

体が硬くて届かないのですが（笑）。


それくらい、足の裏は私たちのすべてを支えてくれています。普段は見逃しているかもしれませんが、**実はどこよりも手入れが必要な部分でもあるのです。**

「いつもこの重い体重を支えてくれてありがとう」という気持ちを持ちながら、

ぜひじっくりお手入れをしてあげてください。

外見や容姿は最重要の部分ではないにしても、理想の運命の人に見つけてもらうためには、とても大切なところ。

容姿とは、自分の存在を知らせるツールのようなもの。

自分を大切にしている人は外見にも手を掛けてキラキラと輝き、自分の存在を他者に知らせることができるのです。

目標はすべての分野で50点

完璧＝魅力的とは限らない

ここまでのところをお読みになって、「私にはハードルが高い！」と思われた方もいるかもしれません。

しかし、ご安心ください。完璧にできなくてもいいのです！

自分を愛するということに加えて、自分に手を掛けるにしても、１００点を目指す必要はありません。

私たちが目にする雑誌、テレビ、インターネットなどに登場するステキな女性たちは、一見すると完璧に見えることがあるかもしれません。

でも、それらのバーチャルな世界とは異なり、**私たちが生きている現実の世界では、完璧に近づけば近づくほど、逆に人間味のない人としてとらえられます。**

たとえば、完璧なまでの上品な言葉遣いと立ち居振る舞いの女性がいたとしましょう。身のこなしや手先の動きまで計算されたかのようで、笑顔まで練習されつくした完璧な微笑み。果ては言葉遣いが美しすぎて冗談なんて言えそうもない雰囲気……ここに親しみを感じる人が果たしているでしょうか？

または、完璧なお家柄、完璧な容姿、完璧な学歴、恵まれた人生の歩みをしている女性がいたとして、そういう人が大勢の人の前で立派な話をしたとしても、ほとんどの人は共感できません。なぜならあまりにも境遇が違いすぎて、自分の気持ちをわかってくれるとは到底思えないからです。

短所を補う前にやること

ですから、**100点を目指そうとすることは、逆にあなたの魅力を失わせるこ**

とにもなりかねないのです。それよりも、欠点というのはあなた自身の人間味を出してくれるアクセントなのだと思ってください。

また、欠点をカバーすることにエネルギーを使うことはありません。確かに、カバーできるものは、するに越したことはないのですが、それよりも自分の長所を目立たせることのほうが簡単に魅力的になれます。

だから、**目指すべきは、すべてで50点です。**

ヘアスタイルも、ボディラインも、ファッションセンスも、コミュニケーション能力も、知識も知性もマナーも立ち居振る舞いも、すべてです。

そして、得意分野や長所についてだけは、どんどん伸ばして50点以上を目指してください。

しかし、一つだけ、100点を目指してほしい部分があります。

それは、あなたが理想の運命の人に見つけてもらう「おまじない」にもなる部分……「**満面の笑み**」です。

これは、ちょっと悲しいときも、ちょっとイライラしたときも、そしてうれしいときも、あなたを常にプラスの方向に向かわせてくれるおまじないです。

理想の彼を引き寄せたいなら……

あなたはどんな人を求めている？

さてここからは、あなたの理想の人とはどんな人なのかを発掘していきたいと思います。

まず一般的に結婚相手の条件、と言われるものを思う存分あげてみてください。

そう。できるだけ事細かに書いてみてください。

外見、年収、性格、内面的なことから、家族構成、趣味、住んでいるところ、その他もろもろなんでもＯＫです。不可能だと思っても、とにかくすべて書いてみましょう。

よく、精神世界や自己啓発の本でもこんなことを書いているのを見かけます。まずは理想を書くこと、そうすれば書いた通りの人が見つかる！

実際に私のクライアントさんでも、コーチングのセッションで、理想を明確にしただけで、その理想の人が現れた！　ということがたくさんありました（もちろん、クライアントさんの行動もあってのことですが）。

たとえば、理想の人の条件を以下のように書いたとします。

◎身長170センチ以上
◎年収800〜1000万円くらい
◎かっこいい人
◎すごく優しい人、特に家族やお年寄りに
◎前向きな人
◎勤勉な人
◎きれい好きな人

◎コミュニケーション能力がある人
◎よく笑う人
◎元気な人

ここで全体を検討してみますと、大きく二つの要素に分かれます。

それは、外的な要素と内的な要素。

ここで私があなたにお伝えしたいこと。それは年収やルックスなどの外的要素は、運命の人とはまったく関係ない、ということです。


書き出しの中で大切なのは、「内面の気質」です。


先の人を例にとると、優しい人、前向きな人、勤勉な人、よく笑う人、元気な人といったところでしょうか。

実はこれこそが、あなたにとっての運命の人と大きく関係のある部分なのです。

これらの内面の気質は、自分の価値観や信念となっているもの。

つまり、自分と価値観が似たような人と一緒になりたい、と無意識で思っている点なのです（一見すると真逆に見えるケースもありますが、本音で求めているものは自分の価値観に沿ったものが多いはずです）。

よい資質を引き出していこう

私のクライアントの場合、自分の中で大切にしている価値観がしっかりとあったからこそ、理想の人に出会えたわけです。

なお、理想だけ高く語っていたとしても、自分の中に自己否定の気持ちがあったり、自他ともに愛する気持ちが欠けていたり、お金への強すぎる執着があったりすると、なかなか自分の理想の人を引き寄せることはできません。

なぜなら、自分と似たような人が寄ってくるのが法則だからです。

では、どうしたらいいのか？

ここから、とても大事なところです。

自分の理想がわかっているなら、まずは自分がその理想の人に近づこうと努力すること。

そして、その理想の人になりきって、その人だったらどういう女性を選ぶだろうかと、想像力を働かせてみることです。その人の視点に立って自分を見つめてみるのです。

そのうえで、改善が必要だと思うなら改善に向かう努力をしてみましょう。

難しく考えることはありません。

実はこれはとても簡単！　なぜなら、あなたの中から出てきたものは、もうすでにあなたの中にあるのだから。

そして、一つ言えることは、明るい人にはプラスのものが引き寄せられてくる、ということです。

どんなときもできるだけ口角を上げ、形状記憶合金のように笑顔を定着させてみてください。

そうすれば、脳内ではハッピーホルモンがたくさん出て、気持ちよくなってい く……気持ちよくなれば、気持ちいい周波数があなたから出るので、気持ちいい人と巡り合う可能性が高まるのです。

理想の彼氏、配偶者が欲しければ、まずは自分がその理想の人になる！　それが近道なのです。

次頁には、自分の中のよい資質を引き出すワークブックがあります。これをすることで、あなたの資質のみならず、理想の人がクリアになってくることでしょう。

WORK 1

まずは、あなたの憧れの人、好きな人、尊敬する人物を何人でもいいので、たくさん書いてください。家族でも、歴史上の人物でも、過去のヒーローでも、架空の人でも、アニメの主人公でも、実在しない人でも、誰でもOKなので、とにかくたくさんあげてみてください。

WORK 2

次にその人々の「いいな」と思う特質をできるだけ多く書き出し、共通している部分に丸をつけてください。

解説

人は鏡である、という言葉をお聞きになったことがあるかと思いますが、私たちは他の人の中に自分の特質を見ています。丸がついている部分はあなたの中にもあるよい特質であり、あなたが大切にしている価値観です。それを自分で認めてあげましょう。

少しだけ勇気を出そう！

探すことにフォーカスしなくてもＯＫ！

みなさん、ここまでしっかりついてきていますか？　ここからはもう少しだけ積極的にいきますよ。

今までのところであなたの中の土台となる、自己肯定感が少しずつ確立されたことと思います。

すぐに完璧にできなくても大丈夫です。

何度も何度も読み返して、あなたの潜在意識の中に刷り込んでください。

それが自己のイメージを変え、少しずつキラキラと輝く自立した女性へ近づくための秘訣となります。

しかしながら、せっかくそういう輝く女性になりつつあるのに、家の中に居るままでは誰も見つけてくれませんよね。

突然家のチャイムを鳴らして「あなたのような人を探していました！」と言う男性が飛び込んでくる確率はゼロに等しいことでしょう。

訪問セールスの方でときめく方がいらっしゃればいいのですが、それもまず可能性としては低いでしょう。

ということで、外に出てみませんか？

この外に出る、というのは合コンに行ってくださいとか、結婚相談所に行ってくださいとか、そういうことではありません。

外に出ておしゃれな人がいるところに出掛けてみる。友だちと遊びに行く。友だちの友だちと会う機会があったら、自分の視野を広げるためにも積極的に誘いに乗ってみる、ということです。

どこで誰に見つけてもらえるかわかりませんが、結婚相手のことや彼氏を探す、ということだけにフォーカスしなくてOKです。友だちと好きなことをするために外に出ること自体が、出会いの確率を高めるのですから。


また、私たち女性は何か欲しいものがあると、「○○ブランドのお財布が欲しいのよね〜」とか、「夏休みは、軽井沢に行きたいのよ」などのように、何も考えず誰かに自分の欲望を言うことがあります。ですから、**彼氏が欲しいとか結婚したいということも、気負わずどんどん人に言うこともおすすめです。**

たとえば、「そろそろ結婚したいと思って……」や「彼氏が欲しいと思っているのよね」などのように。「彼氏がいないと思われたくない」とか、「結婚できない女と思われたくない」、というプライドを持っているとなかなか大変になってしまいますから、これはぜひ気軽に誰かに言ってみましょう。

私の知り合いでも、まわりにこの願望について公言したら、素敵な人を紹介してもらって結婚に至った、という方はたくさんいらっしゃいます。

今までと違うことをしてみることで、あなたの生活と人生の中に違う空気が入ってきて、これまでの人生の流れを変えるきっかけになります。

もちろん、すごく苦手というのでなければ、合コンも結婚相談所も、見る目を養うのに最高の機会となることでしょう。

真の動機を見つけた彼女に待っていた出会い

私のコーチングのクライアントの例をあげましょう。

彼女は40代で独身だったのですが、はじめはなかなか男性とのご縁に恵まれませんでした。

コーチングをお申込みいただいた理由も、「結婚したい」というものでした。

コーチングでは、その動機をそのままテーマとして扱うこともありますが、先述したように、より深いところに入り込んでいくことがあります。

つまり、「なぜ結婚したいのか?」という質問をするのです。

先ほどもご説明した通り、「結婚したい」というテーマであっても、実は真に求めていることが結婚ではなかった、ということがとても多いからです。

質問によって出てきた彼女の回答は、求めていたのは結婚ではなくて、「人生に満足したい、楽しみたい」、というものでした。

最初は、結婚がそれをもたらしてくれると信じていたそうです。が、適齢期を過ぎた自分がここで婚期を逃したら一生結婚できなくなると思い込み、結婚できなかった場合に備えてあまり無駄遣いもすることなく、老後のためにせっせと貯金をしていました。

しかし、今まで結婚しなくては、ということばかりにフォーカスした生き方をしていた彼女は、セッションを通して自分の真の動機に気づいてから、自分を楽しませることにフォーカスしはじめたのです。

自分が心地いいこと、楽しいこと、趣味に没頭すること……などなど。

気の合わない誰かと結婚するよりも、自分のためにお金を遣おう！　と考え、エステに行って自分を労わったり、ネイルをしたり、メイクを習ったり、今まで行ったことがなかった海外旅行にも行くようになりました。

彼女にとって、初めての海外旅行だったので、一人旅はハードルが高いと思い、ツアーに一人で参加したそうです。ワクワクの海外旅行。

そこでご褒美が待っていました。

そのツアーには一人で参加の同い年の男性がいて、しかも、同じ地方の出身で気が合い、お付き合いすることになったのです。

彼女曰く、「**相手は求めなくても、こちらが楽しんでいれば出会うようになっているんだな**」と、そのとき思ったそうです。

引き寄せの法則が流行っているからといって、何もしないで、何も変わらず、ジッと待っているだけでは出会いはありません。

大きな一歩でなくてもいいのです。

小さなステップを一つずつ進むように、自分らしく、女性らしく、美しさにも興味を持ち、楽しいことをしていることが、一番出会いの確率を高めます。

ですから、習い事や何かのスクールや資格取得のための学びの場に足を運んだら、ぜひ、懇親会や交流会などにも参加してみてください。

実際の学びの場よりも、お酒が入る場所では、誰もが素になりますから、そんな素を見せ合って初めて気が合うことがわかったということがとても多いのです。

一緒に食べるという行為は、人間の基本的な欲求を共有できる場。三大欲求、つまり食欲、睡眠欲、性欲のうちの一つを共にできるのです。そのためそういった場では本音が出やすいわけです。

私の友人、またはクライアントでもそのような習い事の場所で結ばれたケースはとても多いです。

それは、同じ関心事のもと集まっているので、同じ波動を発する者同士が自然とひかれあう、ということが多いからです。

とはいうものの、素敵だなと思う男性がいたら「今度食事でもしませんか?」と誘うのはとてもハードルが高いですよね。

そこで、ぜひこういってみてください。

その男性が好きな場所や趣味などがわかったら、**「今度誘ってくださいよ〜」**というのです。自分から誘うよりもずっとハードルが低いですよね？

ましてや、男性の得意とする分野だったら最高です。

さあ口慣らしをしたら、さっそく外に出かけましょう。

第2章

こうして二人はめぐり合う

自然と彼を引き寄せてしまう〝出会い〟の力

「出会い力」が高まるとき

たったこれだけで内面から変化できる

ここでもう一度繰り返して申し上げます。

あなたにピッタリの「運命の人」は必ずいます。

「でも、世の中には結婚したいのに、結婚できない女性もたくさんいます」とお思いの方もいるかもしれません。

でも、なかには自分が本当は結婚を望んでいるわけではないことに気づかないでいるケースがあります。世間の風潮から、自分の願望でもないのに、「私、結婚したいのに、できない」と思い込んでいる可能性もあるのです。

または、生まれながらに結婚願望がまったくない人もいます。そういう人は、途中迷ったとしても、自らそういう道を選んだのだと気づける日がくるでしょう。

もし、あなたが以上のケースに当てはまらないなら、大丈夫！

あなたには必ずふさわしい運命の人がいます。

本章では、あなたにとって一番ふさわしい時期に運命の人と出会うために、そして、その人に会ったときに、「あ、私この人と結婚するかも」という潜在意識の声をキャッチすることができるようになるために、大事なことをお伝えしますね。

出会い力を高めるために、大切なことがあります。

それは運気を上げるとか、ツキを呼ぶのと似ているのですが、これから書くことは、人生全体において引き寄せ力が高まる基礎を築くものだと思ってください。

それは一体何なのか——それは、常にあなた自身が「心地いい感情でいること」です。

言い換えれば、「常に心地いいと思う感情を選択していること」なのです。もっといえば、妥協の選択をしない、ということ。

本当に欲しい服を買うのか、妥協で選んだものを買うのか。ホテルのラウンジでお茶するのか、ファストフードですませるのか。本当に行きたい場所へ旅行するのか、近場の温泉で我慢するのか。嫌われたくないばかりに面倒な人間関係を続けるのか、新しい世界に飛び込むのか。すべては、自分の選択次第です。

すべてが自分の思い通りにできるわけではないかもしれませんが、**今より一つでも二つでも、自分が満足できるような選択をする意識を持つことが大事です。**

ホテルでお茶をすることを例にすると、1500円のコーヒー代を支払うことで味わえるその場所の雰囲気と窓から見える景色。優雅な音楽と、上質な家具。そこに身を置いているだけでも、とても気持ちのいいものです。

初めは何か自分には合わないような、ぎこちない感じもするかもしれませんが、繰り返すうちに、だんだんと心地よさを感じてくるはずです。

それは、そこが次第に自分にふさわしいと認識しはじめるからです。すると、自然と自分の振る舞いや言葉遣いなども、その場所にふさわしいものへと変わってきます。

身に着ける服やアクセサリーも、お気に入りのものを身に着けているかそうでないかで、気分が全然違うのはあなたも経験済みのはずです。

小さなことではありますが、こうしたことの繰り返しが、あなたを内面から変化させてくれるのです。

大切なのはプラス感情

後の章でも詳しく扱いますが、**あなたが我慢ばかりしていると、その我慢している状態が、あなたの細胞や脳、潜在意識に悪影響を及ぼします。**

今は科学も進んでいて、人間から発する波動を測定したり、写真に写したりできる時代になりましたが、あなたがいつもいつも、不平不満や愚痴を言ったり、我慢、自己否定などをしていると、あなたの体の中の細胞たちは、どんどん元気がなくなっていきます。

そして、自分に対する評価が卑屈なものになり、それが外見にあらわれてしまって魅力がなくなっていくのです。

そのことにより、背中は丸まり、背中が丸まれば、呼吸も浅くなり、脳にも酸素がいかず、血流も悪くなって血色も悪く、体調もすぐれないようになってしまうのです。

表情もどこか自信がなさそうになったり、表情筋に無理な力が入って頑固な顔になったり、悲愴な顔立ちになることも。これでは運気が下がってしまいます。

……なんだか怖いですよね。

出会い力が高まる一番の方法は、自分が常に「心地よくて楽しい！」とか「うれしい！」とか、喜びに満ちているプラスの感情を選び、それを味わっていること。それが一番の近道なのです。

つまりあなたがいつもそのような心地いい状態にいるときには、心地いい周波数を発しているわけです。

同時にそれは、同じ周波数の事象、人、物、などを引き寄せるようになります。これは出会いという面ではとても大切なことです。

一方で、あなたが本心をごまかすようなことばかりチョイスして行動していると、周波数はメチャメチャなものを出していることになります。

すると、**本当に引き寄せたいものが、周波数の違いによって遠ざかっていってしまうことにもつながります。**

ですから、常に自分が心地いい、と思える環境や食べ物、人間関係をぜひ、チョイスしてください。それがあなたの出会い力を高める最も重要なポイントとなります。

潜在意識からの声をキャッチできないとき

直感が鋭い人はこんな特徴がある

あなたは直感が鋭いほうですか？　それとも鈍いほうでしょうか？

直感は潜在意識の声と同じです。運命の人との出会いに関しては、直感はとくに大切です。

しかし、ときどきその直感――潜在意識からの声がキャッチできなくなるときがあります。

そのときの状況が次のチェックリストに当てはまるかどうか、見てみましょう。

□常に忙しい生活をしているとき
□無理な人間関係を維持しているとき（苦手な人ばかりとつきあっているなど）
□我慢しているとき（言いたいことが言えないなど）
□損得勘定で物事を決めているとき
□執着があるとき
□小さな幸せを感じられていないとき

いかがですか？　いくつ当てはまったでしょう。

これらにチェックが多い場合、あなたは今、潜在意識の声をキャッチしづらい状況にあります。

たとえば、常に忙しい生活をしていて、リラックスしている暇さえもない人は、潜在意識の扉が閉じている状態です。これは、**緊張状態である交感神経が優勢ですと、潜在意識の扉が開きづらくなるためです。**

潜在意識は副交感神経が優勢なリラックス時や、楽しいことに没頭して集中しているときに開きやすいのです。

つまり、脳波がα（アルファ）波優勢のとき。忙しく、アクセク働いている状態や緊張状態は、脳波はβ（ベータ）波優勢なので、潜在意識からの声をキャッチしづらいというわけです。

ですから、常に自分をリラックスさせてあげることこそが、潜在意識からの声をキャッチしやすくしていることになります。

ようは、**自分の選択基準が楽しいことや心地いいことである人は、直感が鋭いのです。**

一日の中で最優先する時間

ここでおすすめしたいのは、**毎日、あなたの潜在意識の扉が開くような時間、つまりリラックス時間を自分に与えるようにすること。そして、その時間を予定**

の中でも最優先に設定することです。

仕事をしている女性なら、家に帰ってからの数時間は、必ず心がゆるむことをしてみてください。

好きな飲み物と好きなDVD鑑賞。笑えるものだったら、なお最高！　そして、肌触りのいい部屋着やパジャマ、大好きな香り。寝具類にこだわるのもリラックスを促してくれます。その日の疲れはその日のうちに落としてくださいね。

自分が喜ぶことをしてあげるだけで自然と直感力は増していきます。男性よりも女性はこうした五感を喜ばせる行為によって、ますます自分の潜在意識の声をキャッチしやすくなるのです。

私の場合は、どんなに仕事が詰まっていても、家にいる限りは昼寝やぼーっとする時間を欠かしません。その時間がないと、自分のクリエイティブな仕事に行き詰まりを感じ、新たなアイディアが湧いてこなくなるのです。また、そうした時間がないと判断ミスも多くなります。

その傾向がわかった今は、やりたくない仕事のオファーは一切お引き受けしません。いつも自分が心地いいこと、という判断基準で仕事をしています。

この選択の基準も潜在意識からの声の「なんとなくそう思う」「なんとなくいい」から、「GOサインしか浮かばない！」や、「やるしかないでしょーっ！」までさまざまなものがありますが、どれも大切な自分の内なるところから湧き上がる声に従っています。この法則に従ってからは、何に関しても間違いが生じることがなくなりました。

あなたも潜在意識の声をキャッチできるように、ご自身の心に従って環境を整えてみてくださいね。

素の自分、ありのままの自分でいること

おかしな人が寄ってくる原因はあなたにもある

私はコーチなのでこんな相談を受けることが多くあります。

「私のまわりには変な人ばかり寄ってくるのですが、これは私が変な人だからでしょうか？」

この「変な人」とは、自分を利用しようとする人や嫌なことばかりを言ってくる人、またはいつも自分だけを怒るような特殊な関係になってしまう人のことを言います。

ことわざの「類は友を呼ぶ」によれば、変な人には変な人が寄ってくる、とい

うことになりますが、実際のところ、必ずしもそれだけではありません。

もしあなたがそういう状況にあるとしたら、それは、あなたが「本当の自分をまわりに見せずに、全員に対して〝いい人〟になっているから」なのです。

心当たりはありませんか？

他人の要望を、断りたいのに断ることをせずに引き受けているとき、あなたの意志とは反対のさまざまな変な人たちが寄ってくるのです。

それは、あなたが本心を隠していろいろな種類の人間になっているから。

あなたが素の自分、ありのままの自分をしっかり出していれば、まわりからも「あなたはこういう人」と認知されて、同じような価値観の人があなたに集まってきますが、いろいろな人を演じているあなたには、同じくいろいろな人が寄ってきているというわけです。

第1章の最後で扱った、自分の理想の人にあげた条件は、あなたの憧れている部分であり、あなたが内面から共感する、人として大切にしたいと思う部分。あなたは、自分のコアな部分にある資質を自分でも認めているということにもなります。

最初から素、ありのままのあなたを出すことをためらうことはありません。

あなたが大切にしている資質を、自由に表に出して表現していけばいいのです。

どうしたらあなたの好む人がやってくるのか

とはいっても、はじめからそうすることは難しいものでもありますよね。

そこで少しあなたの「素」または「ありのままのあなた」というのがどういう自分なのか明確にしておきましょう。

なぜなら、それがわからないと好きな人を前にしても、どう振る舞っていいかわからず、ぎこちない態度になってしまうからです。

ちょっと自問してみてください。

◎自他共に認める自分のいいところって、どんなところでしょう？
◎自分が思う自分のイメージとはどんなものでしょうか？
◎あなたは、それを受け入れていますか？

思いつかない場合は、まわりの人からよく言われることを考えてみましょう。「気が利くよね」「いつも明るいね」「没頭するタイプだよね」「おしゃれだね」「ちょっとみんなと違ってるよね（これも相当な褒め言葉です！）」「しっかりしているね」などなど。

こうした客観的な指摘で納得できるものも、あなたの素のいいところ。

そんなあなたと同質のものを感じる人だけが、あなたに引き寄せられてくるのです。

あなたはあなたのままでいい、そのままでいれば、あなた好みの人が寄ってくることになっています。

ドーン！　とかまえていいようではありませんか。

出会いの近道は「結婚」から
いったん離れること

「一人で生きる」と誓った後に出会いはやってくる

見出しを読んで、「え？」と思われた方もいらっしゃるかもしれませんね。

でも、**本気で結婚したいなら、いったん「結婚」という二文字を忘れてみてください。**

運命の人に出会うときというのは、たいていの場合、相手を探していないときです。

血眼《ちまなこ》になって探しているときというのは、どこかで自分の「結婚相手に出会わないでこのまま一人だったらどうしよう……そんなのいやぁぁぁーーっ！」という想いが働いています。そんなあなたからは、焦りとギラギラ感と悲壮感が漂っているのです。

そういった不安や恐れは、出会いの可能性を小さく小さくしていきます。

一方で出会うときというのは、「結婚したい！」という執着がはずれたとき。そして、「もう、いいわ！　私は好きなことをやる！」と決めたときです。

結婚を諦めたときにこそ、運命の人に出会っているのです。

実は私も二度目の主人と出会ったのはそのようなときでした。

私は二度離婚をしているのですが、一度目の結婚の後は精神的にボロボロで、いつまでも一人でいるのが嫌だな～と思っていたところ、すぐに出会った男性がいました。「この人こそ運命の人だ！」そう、思いました。

しかし、当時どん底の毎日の中でやっとつかんだ彼だったため、彼のことが好き過ぎて何も見えていませんでした。

その後、婚約までしたのですが、その人とは結局お別れすることになり、再び精神的にボロボロ。別れてからは生きている心地もしませんでした。

親からも、早く再婚しなさい、落ち着きなさい、離婚したままでみっともない、など、娘の気持ちなど考えもしない辛辣な言葉を浴びせられました。

もちろん、一人でいる私のことが不憫《ふびん》で仕方なかったゆえの言葉ではありますが、私の中では彼以外の人がまったく考えられなかったので、数年間結婚に関して迷いに迷った後、面倒くさくなってその気持ちを手放すことにしたのです。

今でもはっきり覚えています。一人で夜のドライブをして、星が見える駐車場で天を仰ぎ、神様に宣言したことを。

「もう、私は結婚しません！　一人で死ぬまで生きていきます！　それでももし、ふさわしい人がいたらそれもそれで流れにまかせますが、そういう人が現れなくても私はそれでもいいのです」と。

その後すぐに、二度目の夫と出会いました。

与える精神から促される契約

このように、「結婚したい」という気持ちを手放してから結婚相手に出会った、という話はたくさん聞いたことがあるでしょう。

もう、ここまで読んだあなたならおわかりですね。

何度か述べていますが、**「したい、したい！」という強すぎる執着の気持ちは、同時に「自分にはできない」という刷り込みをしていることになるのです。**

ですから、いったん結婚への執着を手放す努力をしてみてください。

もしも執着を手放そうと思ってもうまくできないという場合は、**結婚の現実を真面目に考えてみることです。**

結婚生活は甘いものばかりではありません。必ずしも安心できる、安定した場所でもありません。

「結婚とは修行の場である」という言葉をお聞きになったことがおありかと思い

ます。

もちろん、結婚して幸せにやっていらっしゃる方もたくさんいます。

でも、現実をいえば、一人でも十分に大変な人生を、まったく違った環境で育った人間と共に送るわけです。

今まで一人で使っていたお金も自由な時間も、結婚したら勝手に使うことが許されないかもしれません。

共働きになったら、あなたは外で仕事して、家に帰ったら掃除、洗濯、お料理、後片付け、そして子どもの世話、一人何役もこなさなければならないかもしれません。

憧れていた結婚生活に入って、「一体、私は何のために結婚したの?」と言われる方もいます。

結婚生活は楽しいこともある一方で、表裏一体で大変さもあるのです。

結婚生活はお互いの譲歩の連続から成り立っています。

「でも、友だちの夫婦を見ていると、本当に仲がよくって幸せそうなんです。友だちは結婚してますます幸せになっていきます！」

そういう方ももちろんいらっしゃいます。が、ぜひ長年夫婦をやっていらっしゃる方々のほうを参考にしてみてください。アドレナリンという興奮物質は三年くらいは続くと言われていますので、まだその期間はラブラブに見えているだけかもしれないのです。

結婚は「愛されるもの」というよりも「愛するもの」。

結婚とは、幸せになるための道具ではありません。

結婚とは、相手の幸せを満たしたい、という与える精神から促される契約なのです。

結婚に関して少し現実的になれたでしょうか？

もちろん、メリットもありますが、まずはこういった現実を考えつつも、どちらの人生になったとしても受けいれよう、くらいにゆるく考えているうちに、結婚に対する執着はなくなっていくことでしょう。

結局、何かを手放した後には何かが入ってくるものです。

引き寄せとはそういう法則になっています。

この本を手にしているあなたが最初にしなければならないことは、自分にとってリラックスしていて心地よい感情でいること。自分が楽しいと思えることをすること。あなたが一番輝けることがなんなのかに気づくこと。

結婚をしたいと思ったり、結婚相手を探すよりも、結婚からいったん離れてみて、自分を大切にしたり、自分に手をかけたり、自分の外見を磨いたり、自分を好きになること。

そして、やりたいことがあって、それに意識を集中していてワクワクキラキラしていればいつか、そんなあなたが男性の目にとまります。

たとえ年齢がいっていたとしても、別に容姿が格段によくなくても、多少我がままでも、です。

どんな立場であれ、どんな状況であれ、まずは自分の好きなことをやって、イキイキした人生を送ってください。そこからがスタートなのです。

今つきあっている人が運命の人かどうか知るために……

その人のためにあなたは何ができるか？

今おつきあいしている人が「運命の人」かどうかわからない、という方にお伝えしたいことがあります。

時折私のところに、次のような相談をされる方がいます。それは、「今、つきあっている男性がいるのですが、その人と結婚していいかどうかがよくわからない」というもの。

たいていの場合、結婚するとなるとブレーキがかかる一方で、別れるとなると一人になるのが嫌だし、クリスマスは一人で過ごしたくない、と、後ろ向きな理由でどちらにも進めないパターンです。

ハッキリ申し上げますが、それは損得勘定でのおつきあいです。

厳しく聞こえるかもしれませんが、**結婚は自分が幸せになるためのものではありません。結婚は与える行為であり、その人の幸せのために、自分を差し出せるかどうか。**

または、今おつきあいしている相手に幸せになってほしい、そのために私はあなたに尽くせます、という気持ちがなければ、その人は運命の人ではありません。

一人になるのが嫌だからという理由で、今の人とつきあい続けることは、今の状態をキープしながら他の人も探そうとしている行為にあたります。

これは、**彼の人生を狂わせてしまうような行為ですが、実際には自分の人生も狂わせていることになるのです。**

こんなときはとても危険

今の彼が、運命の人かどうか知るために、ちょっと思い出してみましょう。

彼といるときに、何か違和感を抱いたことはありますか？「あれ？」とか「え？」というちょっとした違和感です。

たとえば、**彼の言動に不快感を抱くことが多いとか、あなたの大切にしているものや価値観を軽く扱われるとか、または一緒にいて居心地の悪さを感じることが多々ある、など。**

そういった場合、潜在意識は、「その人は違うよ～。あなたの運命の人じゃないよ～」と教えてくれているのです。あなたは潜在意識からのサインをちゃんとキャッチしているはずなのです。

その違和感を、ただ寂しいからとか、一人になるのが嫌だから、という理由で見過ごしているなら問題です。**なぜなら、本当の運命の人が入るためのスペース**

をふさいでしまっているために、これからもなかなか運命の人と出会うことはできないからです。

寂しい気持ちになると違和感を見ないフリしてしまうことはありませんか？

今の彼でいいんだ、と無理やり自分に言い聞かせたり、信じ込ませようとはしていないでしょうか？

法則は、スペースが空いたところに新しいものが入ることになっています。

ですから、今つきあっている人に違和感を持ちながらも、自分の寂しさのためだけに「とりあえず」捕まえておくようなことをするのは、とても危険です。

また、**昔つきあっていた彼のことが好きでずっと忘れられない、というケースも、運命の人を遠ざけてしまいます。**

この場合は、運命の人が入り込むスペースはあるはずなのに、心のスペースが空いていないので、そこに新しい彼を受けいれることが難しくなってしまいます。

無理やり忘れようとする必要はありませんが、いつまでも過去の甘い恋愛期間中に過ごした二人の思い出に浸ることはおすすめしません。

彼との関係が終わったということは、あなたとはご縁がなかったということ。本当にご縁がある人は、別れても、がんばらなくても、元に戻るようになっているのです。そうでない場合は、あなたの運命の人ではなかった、ということなのです。

彼との思い出で胸がいっぱいになってしまったら、思いっきり泣きましょう。泣いた後は、少しずつでいいので次のステップに進んでいきましょうね。

そして、もっともっとあなたにふさわしい人と一緒になってください。**もっとお互いが幸せになれる相手はいるのですから。**

もちろん、以前の恋を忘れる一番の方法は次の恋をすることですから、いつでも次の出会いはウェルカム！

さあ、あなたの運命の人はすぐそこにいます。焦らず、慌てず、求めず、自然の流れの中でもあなたの潜在意識からの声をキャッチできるように。

この本を手にしている時点で、もう、それが潜在意識の声なのですから。

第3章

大切なのは第一印象よりも第三印象

目指すのは噛めば噛むほどいい女

どんな美人にだって勝てる！

彼女は本当に得をしている⁉

「私は、キレイじゃないから恋愛はできない」

「私は太っているから魅力がない」

「センスがないから自信がない」

「美人ばかりが、得している」

……あなたはこのように思ったことはありませんか？

または、昔からそのようにずっと思い込んではいませんか？

もし今そのように感じている方がいたら、じっくり読んでくださいね。

世の中を見渡してみると、もしかしたらキレイな人が得をしているように見えるかもしれません。

カワイイ子はどんなオシャレにもチャレンジできるし、何を着ても似合ってるように見える。まわりの男性たちは、カワイイ子のほうばかりに目がいって、こっちまで注意が向いてないと思えることも。

研究結果にもあらわれていますが、美人は得をしているというのは、確かに正しいようです。

美人というだけで、性格も成績もよいものだと見られがちで、えこひいきされやすく、出世しやすいとも言われています。

人は、美人が話すことを信じやすい傾向にあります。裁判ですら、刑が軽くなる傾向があるそうです。

こう考えてみると、確かに美人ばかりが得をしているように思えるかもしれません。

しかし実際のところはどうなのか、もう一度考えてみましょう。

まず、なぜ美人ばかりが得をするのでしょうか？

それには第一印象が大きく関係しています。

一般的に「第一印象がとても大切」と言われているのは、あなたもご存じのことでしょう。

心理学ではこれを「**初頭効果**」といい、第一印象がその後にまでずっと影響を与えると言われています。つまり第一印象さえよければ、後々まで得をするわけです。

しかし、これは「ある意味」での真実でしかありません。

なぜなら、初頭効果とは「最初に与えられた情報が記憶に残りやすい」というだけにすぎず、あとでひっくり返ることもあるからです。

たとえば、以前私が新しい職場に入ったときのこと、私にすぐに近づいてきた年下のとても感じのよい女性がいました。

最初の30秒の印象は清楚で控えめで、それでいて穏やかでした。その方は新しい職場に慣れない私にとても親切にしてくださいました。

「わからないことがあったら、なんでも聞いてくださいね」

たった5分間の会話でしたが、その方の印象はとてもよいものでした。

しかし、その印象はすぐに崩れました。あんなに清楚で親切な女性に見えていましたが、別の人と話すときは横柄で目つきも怖く、言葉も先ほどと違って雑なものだったからです。

初頭効果は続くといっても、あまりにも違う姿を見たときには、すぐに崩れることもあるのです。**誰でも一瞬は取り繕うことができます。しかし、一生取り繕うことは不可能です。**

観察力に関しては自信がある私でも、第一印象が裏切られたことはたくさんあります。むしろ、第一印象がとてもよかった人が、その後はあまりよくなかった、ということも多いものです。

また逆に、第一印象がすごく悪かったけど、その後つきあっていくうちによいところが見えてきて、仲良くなったということもたくさんあります。

そうです。

第一印象がとてもいい人というのは、その後はボロが出ると「減点法」になりやすく、第一印象があまりよくない人は、その後はよい特質が見えると「加点法」になりやすい。つまり、**減点法よりも加点法のほうが、最終的に好印象になるのです。**

この、後からボロが出たり、あるいは逆によい特質が見えることによって、相手からの印象が変わっていくこと。これを「第二印象」「第三印象」といいます。

このことは拙著『美人になる方法』(幻冬舎文庫)にも書きましたが、少しご紹介しましょう。

第二印象とは、30分から1時間程度または数回お会いしたときに感じた印象、まだ深くは相手のことを知らないものの、相手の人となりがだいぶ伝わってきたときに抱く感想です。(中略)第三印象とは、かなり関係が深くなってきたときに抱く印象です。会社で言えば面接時が第一印象、面接終わりから新規採用時あたりが第二印象、会社に慣れてきた頃が第三印象です。この第三印象までできますと、第一、第二印象と比較されるため、第一印象とだいぶズレてくることがあります。

結構あてにならないこともある

「でも、かわいい子のほうがモテますし、男子はかわいい子を選びます！」

あなたもそんな事実をたくさん見てきたかもしれません。厳しいように思えるかもしれませんが、さまざまな調査結果を見ても、人はたしかに最初、容姿で選ぶことがあります。

これはまぎれもない事実ですが、あなたもそうではありませんか？

プレゼントの包装がぐちゃぐちゃな紙袋よりは、きれいな包装用紙で美しいリボンがかかったものに手が出ますよね。

しかし、最初こそ外側の要素で選ぼうとするかもしれませんが、キレイなプレゼントの中には100円均一ショップのメモ帳が入っており、紙袋のほうにはダイヤモンドの指輪が入っているとしたらどちらを選ぶでしょう？　答えはおのずと決まってきます。

2013年のマイナビで200名の男性を対象に、「独身男性が結婚相手に求める条件は？」というアンケートがありましたが、その結果はとても興味深いものでした。

男性が女性に求めるもので最も多かったのは、「優しさ」。

そして、他の部分も、「明るさ」「誠実」「思いやり」というものでした。つまり、最初は第一印象に目がいくかもしれませんが、結婚となると違うところを見られている、ということなのです。

いかがでしょうか？

たとえ第一印象がよくて得をするように思えても、時間が経過するにつれて内面が重視されてトータルで評価されるようになるのですから、最初の印象と逆転してしまうことも十分ありえます。

ですから、あなたが大切にしているコアな部分、信念と呼んでもいいし、本当の自分でもいい、あなたが価値を置いている部分、もしくは価値を置きたいと思っていることを大切にして、伸ばしてあげれば、第一印象に頼る必要はなくなるのです。

女性は、本質的な部分を磨いて学び続けることによって、オリジナルの美しさが出せれば、どんな美人にも対抗できるということです。

なんだか希望が湧いてきませんか？

こうして考えてみれば、結局いつかはバレるのですから、最初から自分を繕おうとするのではなく本質を表現していったほうがお得です。第一印象と第三印象の差が少なくなると、人は安心感を得やすくなります。「あ、この人は本当にこのままの人なんだな」と思って、信用してもらえるのです。

人によって態度をコロコロ変えるような人を誰が信用するでしょうか？

誰にでも合わせてしまう、誰にでもウケのいいことばかりを言う人を、どれだけの人が信用するでしょうか？

簡単に言えば、繕った自分という化けの皮は、いつかはがれるということです。

もちろん、理想は第一印象と第三印象の差がないことですが、これまで述べてきたとおり、相手にとってふさわしい自分の姿になるようにある程度努力する姿勢は必要です。

一方で、まわりのキレイな人を見て、自分と比較して落ち込みすぎたり、妬み続ける必要はないということです。

自分の魅せ方のバランスを知らない美人よりも、自分の魅せ方を研究しているあなたのほうが断然有利なのですから。

うまくいかないときほど女っぷりが上がるチャンス

酸いも甘いも全力で楽しもう

人間関係も恋愛も、何をやってもうまくいかない。

やることなすこと裏目に出る。

もう、どこかに消えてしまいたい！　――そんな気持ちになったことはありませんか？

そのような方にぜひお伝えしたいこと。それは、その「何もかも嫌だ！　どこかに消えてしまいたい！」という気持ちでさえ、今後「いい女になるための材料」になるということです。

いい女になる材料が多ければ多いほど、「女っぷり」は上がっていきます。

「女っぷり」――ちょっと粋な女性をイメージさせる言葉ですが、私はこの言葉が好きです。言葉の意味としては、男勝りとか、あねご肌とか、きっぷがいいなどとありますが、総じて強いイメージがありますよね。

セクシーというよりは、芯があって強い女性のイメージ。強さとしなやかさを併せ持った、大人の女性。こういう女性がふとした瞬間に見せる隙は、とても色っぽく見えるものです。

そう、**女っぷりがいい女性というのは、男女問わず魅力的に見えるものです。**ただ単にキレイになるとか、痩せるとか、化粧が上手になるとか、そういう上っ面だけのこととは違う気がしませんか？　なぜなら、**外見だけを磨いても女っぷりは上がらないからです。**

酸いも甘いもすべて知っている女性は魅力的なものです。

苦労だけしていたのでは、女性としての美しさに欠ける。

かといって、囲われた温室のような環境にいるだけでも、これまた何か一つ面白味に欠ける。

つまり、天国と地獄、両方を知っていて、地獄のような状態を経験しても自力で乗り越えられた女性こそ、女っぷりを上げることができるのです。なぜなら、**人の痛みがわかる人になっているから。**

綺麗事だけを、つらつら並べるような女性の言葉は心に響かないですよね。

それよりも、ちゃんと道理をわきまえつつ、自分の弱いところも知っていて、それを素直に見せることができる謙虚さを持つ人、そういう人に、人は惹かれるのです。

ココ・シャネルはなぜ魅力的なのか？

人生、20年以上も生きていれば、必ず苦しいことも悲しいことも経験しているはず。それが30歳、40歳ともなれば、もっと多いでしょう。

しかし、女性は、50歳くらいの年齢になったときに、本当の美しさが出てくると私は思っています。経験が土台となった本物の美、その山あり谷ありの過程が、女を上げる材料になっているのです。

人の痛みがわかるようになり、心から人に共感できるのは、自分のつらく苦しい経験がベースとしてあるから。

ですから、もし今、自分が試されているなと思える環境に置かれているのなら、それはこう考えてみてください。

「これを乗り越えた先には、女が上がっている！」と。

苦しい渦中にいると、このような悠長なことを考えている暇はないかもしれませんが、**試練は確実に人を成長させ、人を美しくします。**

人生に起こる苦しいことは、すべて自分の成長の糧となるからです。

失恋も、悲しい別れも、ダイエットの挫折も、人に言われたひどい言葉も、離婚も、裏切られた経験も、すべて女を上げる材料になります。

たとえば、世界的に有名な、ココ・シャネルは、孤児院で育ち、子どものころから差別されて暮らしてきましたが、持ち前の気の強さで逆境をものともせず、ファッション界の頂上まで上り詰めた人です。

彼女は、仕事と恋に生きた女性とも言われていますが、まさに女っぷりのいい女性の代表格ではないでしょうか。

また、もっと身近な誰かでも、失恋がきっかけで、「もっと痩せて綺麗になってやる！」という決意で、とても美しくなった女性はいませんか？

すべての苦しさは、考えようによっては「女を上げる材料」となっているのです。

だからこそ、つらい経験をしたときには、このことを思い出してください。

「今はつらい……でも、これで女が上がる！」と。

いつもより少しだけ丁寧に生きてみる

どんなとき引き寄せ力は弱まるのか？

丁寧に生きることと運命の人に出会うことは、一見接点がなさそうでいて、実は大いに関係があります。

引き寄せ力が弱まっている人の共通点に、生活の中で小さなことを雑にしている、ということがあげられます。

丁寧に生きることとは、素敵な人を引き寄せるのに大切な点なのです。

他人から見ても、自分から見ても、自分を大切にしているように感じさせる方法があります。

それは、**いつもより所作をゆっくり丁寧に行うこと。そして、普段使いの物のグレードを上げてみることです。**

ガサツな行動というのは、たいていの場合どうでもいい格好をしているときにしやすいものです。シミや毛玉のついた服ばかり着ていると、所作もどんどんひどくなってきて、服はもっと汚れていく始末に。そんな格好では自分の波動が下がります。

たとえば文字を書くときに、心を込めて字の一つひとつのとめ・はね・はらいや、句読点などを丁寧に書いてみることでもいいでしょう。

珈琲一杯飲むにしても、いつも使っているマグカップではなく、一番お気に入りのカップ&ソーサーを使うのもいいでしょう。もちろん、扱うときには薄いクリスタルガラスを扱うがごとく丁寧にです。持ち上げるときもカップを置くときも、音を立てないことがポイント。貴族にでもなったかのように、です。

こうして、何かをちょっとだけ丁寧にしたり、五感を敏感にするような仕掛けを一日たったの10分でいいのでやってみましょう。

ときには好きなアロマを焚いて、ゆっくり呼吸法を楽しみながら瞑想したり、将来のイメージングを楽しんでみませんか？

慌ててシャワーを浴びるのではなく、アロマキャンドルでも焚きながら好きな香りに満たされて、ボディマッサージをしながらバスタイムを楽しんでみませんか？

休日でも家では外出着で過ごす

一日10分を毎日楽しんでいる人の三年後と、毎日忙しくあわただしく過ごす人の三年後にどういう違いが出るのか——答えは言うまでもないでしょう。

もう一つ重要なおすすめとしては、**たまには一日中、外出着で家でも過ごしてみることがあげられます。もちろん、メイクもちゃんとして、です。**つまり誰が急にいらしてもいいような状態で一日過ごすのです。

これは本当におすすめです。白い服を着て過ごしたら、自然と丁寧な食べ方、飲み方、座り方になります。そして、白は気分を上げるカラーでもありますので、気持ちまでスッキリします。

私もときどき、寝るまでそういう格好で過ごすことがあるのですが、姿勢から振る舞いまで違ってきます。そして不思議なことに、話し方まで違ってきます。

普段はデニムにトレーナーやTシャツで過ごしているのですが、そんな格好のときに、宅配便のお兄ちゃんが来ると、「はーい、はいはいはいはい」という感じで、パタパタパタパタ……と走って出ていき、最後に「はーい、どーもー！」といったラフな対応になってしまいます。

ところが、普段外出するようなワンピースを着ていたときは、いつもの宅配便のお兄ちゃんにさえ「はい、お待ちください」と言う自分がいます。

さらに、最後には、「ご苦労さまでございます」とマナー講師並みのお辞儀まで（笑）。宅配便のお兄さんは、別の人だと思っているかもしれません。

心理学用語で「制服効果」というものがありますが、これは身に着けるもので

心理状態が変わるというもの。スーツや制服などを着るとスイッチが入ったように感じるのは、このためです。

丁寧さは、私たちのメンタルまでも変えてしまう、大きな力があります。

毎日毎日外出着は着ないかもしれませんが、時折、本気の「丁寧デイ」として、家でも上品に過ごしてみませんか？　セルフイメージを上げる、いい方法です。

好きになってもらう簡単な方法があった！

内気なあなたでもこれならできる

女性の中には、自分に自信がないために極端に行動力がない人がいます。自信がないと、自分から好きな人に近寄ることも難しいでしょう。

でも、それでは相手に自分の存在を知ってもらえません。

そんな方は次の行動をちょっと試してみてください。

第一印象に自信がなくても、もっと単純なことで好感度アップさせる方法があるのです。たとえ、さほど美人じゃなくても……です。

人には、「何度も目にしていると好きになってしまう」という心理があります。

心理学用語では、それを「**単純接触の効果**」といいます。

たとえば、最初の印象がそんなによくない相手でも（でも悪くはないことが条件）、何度も何度もその人と偶然会ったり、その人を見かけているうちにその人のことを好きになる、ということはよくあることです。

私たちは、ある人に目が慣れてくると次第に愛着がわき、さらにその人の内面を垣間見たりすると、その人のことを好きになってしまうのです。

たとえば、芸能人が選挙に出馬すると、結構な確率で当選しますよね。あれは、この法則が関係しています。私たちは、彼らをテレビで何度も見ているがゆえに、無意識に親近感を持ってしまっているのです。

だからこそ、まったく知らない人と芸能人では、テレビで何度も見たことのある芸能人に票を入れたくなる心理が働くのです。つまり人間は、とりあえず単純に何回も会うだけで、その人に好意を持ってしまう傾向があるので、**自分が好感**

を持った人の前に何度も現れるようにすると、あちらからも好感を持ってもらえる確率が高まるのです。

とはいっても、「なかなかそんなことはできない」とおっしゃる気持ちもわかります。その場合は、**第三者を通してうまく伝えてもらうのがよいでしょう。**

友だちに「M美（あなた）が○○君のこと、褒めていましたよ」とか「M美が○○君のこと気に入っているみたい」などのように伝えてもらうのです。

この方法はとても有効で、**自分で言うよりはるかに効果があります。**私の内気な友人はこれで彼のほうからデートに誘われ、つきあいはじめましたから。

よい特質を持っているか見極める方法

もちろん、一目惚れもあることにはありますが、何度も何度も接触してその人の中身を知らなければ、お付き合いに至る可能性は基本的には低いままです。

ぜひ何度も何度も会って、その人が自分の大切にしている価値観と似たようなものを持っているかどうかを見極めてみることをおすすめします。

もし、最初の印象がよく、さらに何度も会ったりすると、お相手もあなたのことを好きになってくれる確率が高まります。

木の陰、塀の陰からコッソリ見つめていても、その思いは届きません。

それよりも、まずは自分を何度も見てもらうこと。

見てもらう自信が持てなければ、自分の外見と内面を磨くことです。

そこからトライしてみましょう。

男性がドキッとするとき

知的な女性が「かわいく」見えるとき

第三印象を上手に使いこなす方法の一つとして、「ギャップ効果」を使う方法があります。**ギャップ効果とは、第一印象とは違う面、たとえば「意外だな」と思われそうな点を見せることで、より興味を持ってもらうようにする方法です。**

これは第三印象と同じで、相手に自分の情報がより多く伝わるごとに、相手の中で自分に対するイメージが変わっていって、好意が膨らむものです。

ですからギャップを見せるというのは、相手の興味をひくにはとても効果があります。

私の知り合いのご夫婦に以前聞いた話でとても印象的なものがありました。

第一印象では、奥様は知的で冷静な人に見えていたそうですが、あるとき友人で集まってテレビゲームのカーレースをやることになったときのこと、彼女は最初「私は見ているだけでいい」と言っていたのですが、周囲が無理やりやらせたところ、驚くべきことが起こりました。

なんと、知的な彼女がコントローラーを車のハンドルのように右に切ったり左に切ったり……さらには体までも左右に揺らして、時折おもしろい掛け声まで出して……それを見てご主人様は、「かわいい」と思ったそうです。

彼女の無邪気な素の一面が、魅力的に見えたのでしょう。

そう、**ポイントはいつもの自分じゃない素の自分を見せることです。**

力の抜けた素のあなたや、いつもとは真逆な一面が魅力になるのです。

計算しなくても大丈夫

ギャップというものが、相手の心をくすぐるからと言って、わざわざ計算して、それを表現しなくてもよいのです。あなたの運命の人は、そんなことを戦略的にしなくても、あなたと会ったときにわかるのです。

第一印象を無理やりよくするとか、いつもの自分と違った部分をがんばって見せても、本当のあなたではないので、深く付き合うようになったときに、素が出て逆に嫌われてしまう恐れがあります。

ですから、気にせずあなたの素を最初からあらわしていきましょう。そのほうが、早くお互いに深く知り合うことができますし、早い段階でお互いマッチするか、そうでないのかを知ることができます。

ある人は、一生懸命相手に好かれようとして、相手に好かれる話し方、好印象になるような努力を最初の段階でしたそうです。しかし、付き合うにつれて、だんだんそのことに疲れを感じるようになり、素を出したときに、男性が、最初の印象と違うことに気付き、結局別れたそうです。

逆に、ある女性は、彼氏を見つけようと必死にあちらこちらの合コンに出て、男性から好まれる人を演じていましたが、なかなか彼氏ができなかったそうです。そのうち彼女はまったくそういう場では出会いを期待しなくなったのですが、ある合コンには人数合わせで呼ばれ参加しました。

当然、期待していないので、自分のペースでずっと食べたり飲んだりしていたそうです。誰のグラスが空っぽになろうが、灰皿がいっぱいになろうが、気にせず誰とも話もせずにパクパクと、素のまま食事をしていました。

そうしましたら、ある男性の目に留まり「普通の子と違うよね？」と言われ、そこから関係が深まり、短い期間で気が合い、数ヶ月後には結婚に至りました。

結局、計算などしなくてもいいのです。というよりも計算などしてはダメなのです。それよりも、素のまま元気にしていたほうが、そのままのあなたに惹かれる男性があなたを見つけてくれることでしょう。

自立した女性がモテるワケ

草食男子を見くびるな

ある調査によりますと、**カップルが末永く幸せでいるのは、男性からのアプローチでカップルになった場合が圧倒的に多いようです。**

逆に女性からのアプローチでカップルになった場合、長く続かない現象が目立つそうです。

これは何を示していると思いますか？

基本的に、男は女に追われると逃げるのです。

そして、逃げる女を追いたくなるのです。

もちろん、例外もありますが、本能的に男性はハンター資質なのです。好きになったら、それを相手に言わずにはいられない習性を持っていますので、あなたのことが本気で好きならば、放っておいても告白してくるでしょう。たとえ草食系男子だとしても、その意思表示は必ずどこかでしているはずです。

つまり、**待っていても告白されないのであれば、彼は本気であなたのことが好きではない可能性があるのです。**

ここで、焦って自分から何かしなければと思うのはやめましょう。こういうあいまいなときに男性を放っておいて、向こうからの連絡を待てる女性になりましょう。単に駆け引き上手になれということか、と思う人もいるかもしれませんが、そうではありません。

これは、「私は簡単に落ちるような軽い女じゃないんですよ」という無言のアピールにもなり、自分の価値を守ることになるからです。

自立している女性は男性に依存しません。

自立している女性は、自分の仕事や趣味、習い事、女友だちとの時間を大事にしています。

これは、簡単にいうと、「距離感」です。

恋人とは、友人や職場の同僚との関係よりも、ずっと距離が近い親密な関係です。自分の長所はいいとしても、短所も相手にずっしり乗ってしまう。その関係をちょうどよい距離感で維持するのが「自立した大人の関係」なのです。

一途な女性がやってしまいがちなこと

私の失敗体験なのですが、前にも書いたように、以前、一度目の離婚をした後に結婚の約束をした男性がいました。

私はこのとき距離感というのがわからなくて、いつでも彼と一緒にいたいと思い、また一緒にいないときは彼が何をしているのかも気になり、電話やメールをしょっちゅうしていました。

メールがくれば、1分以内に返事をするし、彼が休みであるとわかると彼に合わせて急に会社を休んで共に過ごす時間を確保していたこともあります。これでは、彼も息苦しいはず（笑）。

しかし、あるとき、自分の異常さに気づき、自分から距離を置くようにしました。あまりこちらからメールもしない、電話もしない、デートの誘いもしない、といった具合に……。

すると、今までと関係性がまったく違ってきたのです。

なんと今度は逆に、私が彼に追いかけられるようになりました。この人とは自分の未熟さゆえに関係が終わりましたが、恋愛期間であっても女性が自立している必要性や、ちょうどよい距離を持っておくことの大切さをこのとき知りました。

ここで言いたいことは、趣味や習い事が大事なのではなく、**自分の時間をしっかり持てる人になる必要があるということ。**

この本を読んでいるあなたはきっと立派な大人の女性だと思います。そんなあなたは、もしかしたら好きな人に、弱いところを見せて甘えたいかもしれません。愚痴を聞いてもらって慰めてもらいたいかもしれません。

悩んでいるときに、ただただ話を聞いてもらいたいかもしれません。

全部ＯＫです。

ただし、それが度を過ぎて相手の重荷になっていないか、自分の気持ちばかりが優先されていないか、そういうことを一歩下がって見ている自分もいるのが大切なのです。

親しき仲にも礼儀ありという言葉がある通り、こういった関係性を保てる人というのは人間関係が安定していますので、男女問わずモテます。

当然、気になる男性からも好意的に見られるのです。

美意識キープで脳内もハッピーに！

手放してはいけない二つのアイテム

馴れ合いの仲になったり、相手が自分に興味を持っていることがわかった途端、自分のスタイルに気を遣わなくなる人がいます。

結婚した途端、自分のスタイルを気にしなくなったり、お化粧すらしなくなったり……女性が男性から死ぬまで関心を払ってもらうためには、ある程度の外見的な美しさは絶対に必要です。さて、どんな点に気を遣ったらいいでしょうか？

気になる人と知り合って、なんだか相手もちょっと興味を持ってくれているような……ここまできたら、気合を入れるべきポイントがあります。**それはスタイルです。**

はっきりいって、若さでカバーとか、笑顔でカバーとか、愛嬌でカバーなどといっている場合ではありません。これから長期戦になるかもしれない交際に向けて、自分を美しく整える気持ちが必要です。

「美意識のキープ」は、何度いっても足りないくらい大事。

たとえば、私が思う、**女性が手放してはいけないアイテムは、デニムとハイヒールです。**

この二つは、一回手放すと、筋肉も体型もそれらを着ることも履くこともできなくなる形に変化していきます。

体のラインが隠れるようなチュニックばかり着ていますと、体も服に合わせてゆるんでくるようになります。

いつもジャストサイズのものを着ていて、「あれ？　ちょっとキツくなったかも？」と思って、ついワンサイズ大きな服を着るようになると、体はその服に合わせて大きくなっていきます。

ハイヒールも、筋肉がないと履けません。ときにはハイヒールも履いて筋肉たちに意識させないと、彼らもどんどん衰えていくことでしょう。

ここぞというときだけ気合を入れて履いても、筋肉がついてきてくれません。すると非常に格好悪い歩き方になってしまうので、普段からのトレーニングは欠かせないでしょう。

ハイヒールを履くと、爪先立ちのような体勢になることで脚が細く見えます。そしてヒップもキュッと上がります。つまり、常に筋肉を使っている状態になるのです。

ペッタンコな靴だとこのような体勢にはならないので、どうしても脚もお尻もゆるんでしまいます。

できれば8センチ以上の高いハイヒールに挑戦していただきたいところです。10センチ以上のものは、履くとすごく綺麗に見えるのですが、やっぱり履きにくいし足も痛いですから。

そしてもう一点、ハイヒールを履くと脚長に見えることで、小顔効果もあり、全体的にスタイルアップできることも付け加えておきます。

努力するのが楽しくなってくる

ハイヒールの場合は、履けるようになると筋肉がついてきますし、ピッタリのスキニージーンズの場合は、それがイメトレにもなって腿痩せが可能になってきます。

エクササイズやマッサージをしたことで、ちょっとでもそのスキニーがゆるくなると、脳内で快楽物質が出て、さらなる努力が簡単になります。

私が以前ウォーキングの先生からいわれた言葉で今でも頭の中でリピートされるのが、

「いいですか？　皆さん、おばあちゃんになるまで、ハイヒールとジーンズをはいていられるようにがんばりましょうね！」

というもの。

確かに年をとると、この二つはいずれ遠ざかっていきます。ハイヒールは筋肉がなければ、履いていられなくなりますし、デニムだって、どんどん窮屈になっていきます。


一生この二つを手放さずにいるためには、一生なんらかのエクササイズが必要なのです。


筋力を保つことは、キレイになるためだけでなく、健康にも影響します。美しさと健康のために、自分にあったエクササイズを探してみませんか？

お稽古事の中には、ベリーダンスやヨガ、ボクササイズやエアロビクスなど、たくさんの種類があります。自分が楽しんで継続できるものを選んでみてください。

何もしないで痩せたり、スタイルをキープすることはできません。

ダラダラ過ごすのはラクですが、ダラダラはブヨブヨをもたらすことを考えたら、自分はどっちをチョイスしたいか？　ということを自問しながら生活してみるのはいかがでしょうか。

出会ってからどんどんキレイになった、つきあいはじめてからどんどんキレイになったというのは、男性にとっても誇らしいものです。

第4章

この瞬間、愛は自然と深まっていく

〝駆け引き〟も〝テクニック〟も必要ない

距離が縮まるほどテクニックはいらなくなる

親友や大切な人に駆け引きをするか？

ここまでお読みくださってありがとうございました。

とうとう8合目まで来ました。頂上まで、あとちょっと！　です。

さて、ある程度、男性との関係性もできて、食事やデートをするところまでいったとしましょう。

この時期はもしかしたら、「私はこの人で本当にいいのだろうか」「この人は私と結婚したいと思っているのだろうか」などと不安や妄想が掻き立てられるときかもしれません。

そこで、多くの人が陥る罠があります。それは、目の前の大事な人を失いたくない気持ちからくる、恐れの気持ちです。

その気持ちによって、相手への執着心が出てしまい、気持ちを確かめるようなことを言いたくなったり、感情的にイライラしてしまうことがあるのです。

ですが、立場を変えて考えてみてください。

昔からの大事な親友に対して駆け引きをしたり、自分の味方なのかどうか確かめるようなことをするでしょうか？

心理テクニックで、相手の注意を引くようなことをするでしょうか？

もちろんしないはずです。

それは、関係が悪くなることを知っているからですね。

でも、往々にして、異性を目の前にするとそういうことをしてしまう女性は多いものです。

男性は、女性よりも思考パターンがシンプルにできています。

全体的に反応が薄いのも男性の特徴です。

女性は喜怒哀楽の感情をしっかり表情豊かにあらわす傾向がありますが、男性はほぼ変わらない人もいます。そして、複雑な会話はちょっと苦手です。

また、ある意味ピュアな人も多いので、ちょっとカマをかけたり、駆け引きするようなことを言っただけで、女性の気持ちがまったくわからなくなって、迷いの森に入ってしまう人もいます。

ですから、**男性からすれば、わかりやすい女性、いってみれば素直な人が一番安心してつきあえるのです。**

思っているより男性は受け入れてくれるもの

つまり相手との距離が縮まれば縮まるほど、心理テクニックや、駆け引きといった複雑なものは、必要なくなるということです。

どんどんシンプルになっていくのが自然な流れです。

もしかしたら、自分の下品なところを見せたら嫌われるんじゃないだろうか？

意地悪な性格がバレたら引くかも……。生理でイライラして当たり散らしたらどうしよう……など、いろいろなことを考えるかもしれませんが、もうここまできたら、そんなことを考える必要はありません。

男性からすれば、結婚して初めてわかる欠点よりも、初めから素を見せてくれたほうが受け入れやすいのです。

もし最後まで欠点を隠し通して結婚しても、後にバレたら、どっちが本当の君なんだ？　と男性は軽く混乱します。

口に出さずとも、幻滅してしまうかもしれません。

でも、もしあなたが独身時代から素で相手に接していて、相手もそれを受け入れたうえで結婚に臨むのならば、男性は自分の決断に責任を持つ生き物ですから、寛容さをもって柔軟にあなたを受け入れてくれるでしょう。

ですから、脈あり！　な男性には、あれやこれやと面倒なことを考えるのはやめて、ガチでぶつかっていくつもりで接してみましょう。

案外男性は受け入れてくれるものですから。

人間関係も恋愛関係も基盤は同じ

ずっと一緒にいたいと思ってもらえる感情の動機

人間関係も恋愛関係も、つきつめれば人と人とのぶつかり合いなわけで、基本原則は同じ。

これまで述べてきた通り、**人は時間が経つにつれ、その人の内面で判断するようになっていきます。**

どんなに自分を繕っても、どんなによく見せようとしても、いつかメッキはすべてはがれてしまい、あなたの本質しか残らないときが必ずきます。

そんな中で、人と人とを真につなぐもの、この人とずっと一緒にいたいなと思ってもらえる最も大切なものとはなんでしょうか？
それは「**信頼**」です。
しかし、これは多くの人が頭ではわかっていても、おろそかにしがちな部分です。

私が思う「信頼」とは、愛がベースで不安や恐れもすべてカバーしているようなもの。

女性の場合は生理の周期的なものがあり、ときどきそのような不安が芽を出すことがありますが、「信頼」があれば、その不安をも払拭してくれるものです。心の奥底から、相手に対して「信じていても大丈夫！」という確信を持つことこそが、信頼なのです。

付き合った当初は、「この人なら大丈夫かもしれない」という、うまく言葉にはできないものの、なぜか大丈夫だと思うような直感レベルでの信頼からはじまります。

そしてそれが、第二、第三印象を通して、根拠のある事実に変わっていったときに、確信に変わり、本当の信頼の絆ができるのです。

コントロールしようなんて思わない

最近では、恋愛本やコミュニケーションの本で紹介されるメソッドの多くが、人の心理や潜在意識の仕組みを中途半端に利用した、わざとらしいアピールの方法になっています。

そういう本で紹介しているラポール（信頼）構築術というのは、最初は功を奏するのですが、何度も繰り返されると不協和音を生じさせる場合があります。

なぜならテクニックでカバーしようとしても、**人の心というのは必ず相手の無意識に届き、見た目の言動とズレたときに違和感を生じさせてしまうからです。**

小手先のテクニックに頼ろうとすることは、結果的に逆効果になるものです。

それよりも、リラックスして人に接することができた方が、相手がオープンマインドになるのも早いもの。

多くの人が勘違いしがちなのは、人間関係は自分の力や能力でコントロールするものだと思うことです。

ですが、**本当はあなたの内面のレベルによって引き寄せられてくる人が違ってくるだけなのです。**

最高の彼と結ばれるために やめるべき四つのこと

執着がすべていけないわけではない

最高のパートナーと結ばれたいと思うなら、やめるべき四つのことがあります。
これは後でも説明しますが、男性のシンプルな思考パターンと相容れないことです。
とっても大切なことですので、覚えておいてくださいね。
それはすなわち、**依存、独占、過干渉、疑念の四つです。**

相手の存在によって自分の存在を確認するため、依存してしまいます。

相手を自分一人だけのものにしたいゆえに、独占してしまいます。

相手に自分だけに注意を向けて欲しいために、過干渉になってしまいます。

相手の100%の気持ちが欲しいために疑念の気持ちが出てきます。


そうです。これらの四つは、すべて執着に由来しています。

この気持ちを持ち続けて、いつもいつも男性を振り回してしまうと、もしかしたら相手の男性は面倒くさいと感じてしまうかもしれません。

そして、自分でも、相手が自分の思い通りにならないことに苦しさを感じることにもなりかねません。これでは本当に苦しい恋愛になってしまいます。


ただ、これはそうした感情を持つのが悪いといっているのではありません。

こういうマイナスな気持ちが沸きあがるのは、人間なのですから自然なこと。

大丈夫！　ＯＫです。

こうした感情は、「愛されたい」という気持ちのあらわれであり、真剣に恋愛、結婚と向き合っている証拠です。

そこで、表現方法を少し変えてみることができます。

同じ「関心を払ってほしい」という気持ちを伝えるのにしても、天邪鬼になったり、駆け引きをしたり、泣き落としをしたりするのではなく、シンプルに「こんなふうに関心を払ってほしい」と伝えればいいのです。

「言わなくてもわかってほしい」と思ってしまうかもしれませんが、つきあいが浅い段階では、普通の男性は混乱するだけです。

つきあいが長くなるにつれて、パターンがわかってきて順応してくれるかもしれませんが、最初ははっきり伝えてあげるほうが男性はラクなのです。

腑に落ちればずっと愛情を注いでくれる

もうおわかりですね。

男性はわかりやすい女性を好むのです。

できるだけ、あなたの今感じていることを言葉で相手に伝えてみてください。

理由のないイライラや落ち込んでしまうときには、正直に自分の状態を男性に伝えましょう。

「なんだか、イライラしていてごめんね。生理前はいつもこんな感じなの。気にしないでね」とか、仕事上のミスでがっかりしているときは、「今、落ち込んでいるの」と言うなど、あなたの心の内側をしっかり相手に伝えるだけで、お互いの関係はまったく違ったものになります。

弱い自分を見せるのが苦手、とか寂しいときに寂しい、という一言が言えない自分でいると、次第に意思の疎通がはかれなくなってしまいます。

ですから、素直に相手に自分の感情を伝えられるようになりましょう。

男性は、「なるほど」と腑に落ちれば、ずっと理解を示し、変わらないでいてくれるものです。

結婚しても、ずっと花を買ってきてくれる男性、ケーキを定期的に買ってきてくれる男性というのは、以前に花やケーキを買っていって女性が喜んでくれた体験があり、「そうか、こうすればいいのか」というよいイメージの記憶があるので、それを続けているのです。

男性というのは最初に抱いた愛を忘れない生き物として知られています。

女性は別れてから感情の整理がつくと「次！」となりますが、男性は、時間がたっても嫌いにはならないようです。つまり、変わりにくいのが男性のよいところなのです。

ですから、**男性の優しい心理を上手に引き出すのには、女性も素直になるのが一番早道といえるのです。**

傾向を知るだけでラクになれる

違いがわかればイライラも減る

「ホント、何考えているのかわからない」「信じられない」「ありえない」

男性のひどい言動に、私たち女性は時として気持ちをかき乱されることがありますね。

でも、女性と男性の本能的な違いを知っておくと、無駄にイライラせずにすみます。

男女の傾向を次頁で少しまとめてみましたので、参考にしていただければと思います。

男性と女性の本能的な違い

男性

会話は結論から始まる・オチがある・論理的でストレート

女性のことを加点方式で見る

仕事を大事にする

腕ギュッなどの密着に弱い

恋愛論は現実的

下ネタは妄想チック

過去の恋愛を別々に記憶している

遠距離恋愛が苦手

共に行動することで親しみを感じる

女性

会話には結論もオチもないことがある・感情的で脱線する

男性のことを減点方式で見る

人を大事にする

頭なでなでに弱い

恋愛論は少し夢見がち

下ネタは現実的

過去の恋愛は忘れて次へいく

遠距離でも心が繋がっていれば平気

かけられる言葉から親しみを感じる

自立や独立を好む
ストレスで黙る
自分の興味のあることしか見ない
ボディーランゲージが少ない
一度に一つずつしかできない
セックスは欲望の発散
フェロモンセンサーなし
他人の能力や年収に嫉妬する
本人がいる前ではけなし合うが、
本人がいないときは褒める

帰属を好む
ストレスで口数が多くなる
興味・欲望は果てしない
ボディーランゲージが多い
一度に複数のことができる
セックスは愛の確認
フェロモンセンサーあり
他人の容姿に嫉妬する
本人がいる前では褒め合うが、本人がいないときはけなすいかがでしょうか？　これらはあくまでも傾向で、すべての男女に当てはまるものではありません。

が、こう見てみますと、男性の信じられないように思える言動も、なんとなく許せるような気がしないでしょうか？　愛すべき生き物みたいな感じで。

男性というのは、私たちが思っているよりも、もっとシンプルにできています。

そのシンプルさと上手につきあうようにするなら、無理せずラクにコミュニケーションをとることができるでしょう。

嫉妬を愛に変える方法

嫉妬のいい面、悪い面

「彼が他の女性と楽しそうに話しているのを見るだけで、嫉妬心が出て苦しいです」

好きな男性ができると、このように嫉妬心をいだいてしまう女性はとても多いようです。

彼が自分以外の女性と仲良く話しているとか、メールをしているとか、最近では、ＳＮＳなどで飲み会の様子をアップしたり、または誰かと飲んでいるところにタグ付けされたりして、第三者でもプライベートの様子が見られるようになった時代です。

写真の中で一緒にいるその女性が、自分にはない魅力を持ち合わせていたりするとなおのこと、嫉妬で心がかき乱されることになってしまいます。

さて、こういった嫉妬は悪いものなのでしょうか？

そもそも**嫉妬とは、その人への関心です。**

つまり「あなたを愛しています」ということのあらわれ。ただし、それは、**歪んだ愛のあらわれとも言えるでしょう。**

また、夫が他の女性と仲良くなっているのを見ても、なんとも思わないような妻は、寛大で大きな愛を持っているという点では素晴らしいかもしれません。

一方で、関心という点ではそれはどうでしょう？

相手に関心があるからこそ、嫉妬心は生まれるものなのです。

かといって、男性は女性の嫉妬に関しては、強い束縛を感じます。そして、男性は自由を好む生き物ですから、束縛されると逃げたくなる衝動に駆られます。

やがて、彼女以外の人と交流するのに、いちいち目くじらを立てる彼女に知られまいとして、陰でそのような交友を持とうとするようになるのです。

これでは、お互いのためにはなりませんね。

この一言で次回からは配慮される

男性が女性の嫉妬でゲンナリするのは、「過剰な嫉妬」です。

では、過剰じゃない嫉妬とは何でしょう?

男性が女性の嫉妬で許せるのは、〝やきもち〟程度のかわいいもの。他の女性へ向けられたやきもちで、男性はむしろ自分が愛されている、ということを知ります。

今ではあまり見ないかもしれませんが、女性がほっぺをふくらませて、「もうっ!」といってプイ! とする姿を男性はかわいいと思うそうですから。

だからこそ、もし自分が嫉妬心を感じたときは、その感情を素直に相手に伝えてください。

先の項目でもお伝えした通り、感情を素直に言うことで、男性はシンプルに捉えてくれます。

「あなたを好きだから、やきもち焼いちゃった」と一言言えばいいだけなのです。その気持ちを彼が受け取ってくれるなら、次はあなたに配慮をしてくれるようになることでしょう。

嫉妬心が高じたまま、妄想であれやこれやと考えるのは、メンタルにも悪いばかりか、悩みが外見にまで表れてきて、実際の表情や顔色も悪くなっていってしまいます。

不安に思ったときには、素直に伝える、これで、きっとかわいく美しい彼女でい続けることができるはずです。

第5章

二人の愛を永遠のものとするために

穏やかな幸せが訪れる八つの教え

ゴールが結婚だけとは限らない

責めるよりやっておきたいこと

結婚願望が強く、かつ一般的な結婚適齢期を過ぎている女性が男性とつきあいはじめて、なかなか結婚の方向に話が進まない場合、女性がヤキモキして自ら結婚を迫るというケースがとても多いようです。

女性の場合、子どもを産める年齢が決まっていますので、それは当然のことでしょう。

しかし、**男性は迫られることで引く、という性質があります。**

基本、ハンター資質であるということと、よっぽどの依存＆M体質でなければ、

男性は自分で決断をしたいのです。

好きな人ができたら、その人と家族になりたいと思うのは自然の流れです。しかし、自らそれを言ってこない男性であれば、女性から迫ってしまった場合、圧力を感じてしまうかもしれません。

ですので、**結婚は迫らない！　要求しない！　そして、相手を自分の思い通りにしようとは思わない！　ことです。**

躍起になればなるほど二人の関係までもが壊れてしまいます。

それでも最初に書いたとおりに、女性の場合は、子どもを持つ、ということにおいては、いつでもＯＫというわけではありません。

産むことができる年齢には限界があります。子どもを持つということを考えている場合は、早ければ早いほどいいのです。

ゆえに、一度はそのことに関して真剣に話し合うことをおすすめします。責める、迫る、のではなく、話し合いです。

もう一度、自分の望みを考える

自分が結婚を考えているということ、いつぐらいまでには子どもを持ちたいと思っていることなどを、**相手を責めるような言い方ではなく、冷静に、かつ相手の価値観を大切にしつつ、話し合いの場を設けてみることです。**

たとえばですが、そうした話し合いの末、相手の男性が結婚は考えていないし、ましてや子どもなんて考えていない、という答えを言ったときに、あなたはそのことをどう思うか、を真剣に考えてみることです。

結婚と子どもを持つ、ということに価値を感じているならば、その彼との関係について、答えはおのずと出ていることでしょう。

そうした枠組みを考えず、生涯のパートナーとしてただ共に一緒にいるだけでいいと思い、事実婚（婚姻届を出さないまま共同生活を営むこと）を選択される二人もいます。

そこで、こういった状況になったとき、あなたが一番望んでいることは何なのかを考えてみることをおすすめします。そして、それが明確になったなら、素直に、そして上手に、相手に伝えてみてください。

あなたが本当に望んでいることは何なのか？　結婚することなのか？　子どもを持つことなのか？　それとも、結婚制度という形にとらわれず、彼と共にずっといることなのか？

それがわかれば、その気持ちを素直に伝えることで、相手の今後の行動も案外変わってくるかもしれません。

彼を信じて、伝えることを恐れずに話してみましょう。

愛を深めていき、女性として魅力的な人になる

自分の感情とは関係なく愛せるか？

恋愛していると、「愛」について深く考えることがあるかもしれません。人はみな、他の人の「愛」に感動したり、もっと愛情深い人間になりたいと思ったり、「愛」に関して大きな関心を持っているものです。

愛を説明するというのは大変難しいのですが、ちょっとまとめておきましょう。キリスト教でいう「愛」はとてもわかりやすく、ギリシャ語で四つに分類されています。

1・エロース（男女間の性的なものが伴う愛）
2・フィリア（性的な感情を含まない友情関係）
3・ストロゲー（親族、家族愛）
4・アガペー（簡単にいうと無償の愛）

「愛」というと、最初に思い浮かべるのがどうしても男女の愛だと思うのですが、**この種の愛は脳科学的には長続きしないと言われています。**

ドキドキ感を発する脳内物質アドレナリンは、三年ほどでなくなっていくようで、三年目の浮気が多いのも実証済みだそうです。

男女の愛は、やがてストロゲー愛（家族愛）に変わっていき、ほのぼのした、しみじみした家族愛に変化していくのです。

そして、めざしたい男女間の究極の「愛」とは、アガペー愛です。

つまり、無限の愛、見返りを期待しない愛です。

それは、自分の感情がたとえマイナスな気持ちであっても、それに左右されず、対象となる人に愛を示すことです。そんな愛を示せるような女性、素敵ですね。

話は変わりますが、女性の魅力って何だと思いますか？　外見の美しさ？　かわいらしさ？

外見は、自分をあらわす無言の名刺なので、清潔感があり、全体に整っていること、自分に手をかけていることはとっても大切なこと。

しかし、先にも申し上げたように、**外見は最初の第一印象を決めるものであり、それが人の魅力や愛される一番の理由でないのは、いうまでもありません。**

どんなに容姿がよくても、どんなにスタイルがよくても、どんなにファッションセンスがよくても、どんなに言葉が流ちょうであっても、人として大切なことが失われていては、魅力がないというのは、皆様もよくおわかりのことのはず。

こんな女性を男性は一生手放さない

結論から言いますと、**男性女性問わず、愛がある人は人として魅力があり、人**

をひきつける力も強く、大きな影響力があるものです。

すべての人の根底にあるもの、それは極論を言えば、「愛」がある人は、容姿がよくなくても、スタイルがよくなくても、多少言葉遣いが悪くても、育った環境が大変だったとしても、魅力的なのです。

では、愛ってなんですか？　という話なのですが、それもまた、聖書の中にわかりやすい愛の定義が書いてある箇所があります。

愛は寛容であり、愛は情深い。また、ねたむことをしない。愛は高ぶらない、誇らない、不作法をしない、自分の利益を求めない、いらだたない、恨みを抱かない。不義を喜ばないで真理を喜ぶ。そして、すべてを忍び、すべてを信じ、すべてを望み、すべてを耐える。愛はいつまでも絶えることがない。

コリント人への第一の手紙13章4節〜8節
「口語　新約聖書」日本聖書協会　1954年

こうした言葉にすると、なんとなくイメージはつくかもしれませんが、もっとイメージしやすいように、この逆バージョンを考えてみましょう。愛がない人とは、「心が狭く、不親切で、人をねたむ人。自慢したり高慢になったり、人に対して無礼であり、利己的で怒りっぽくて、人の悪いところばかり目にとめ、平気で嘘をつく、不正が好き。わがままで、人を信じることがなく、感情をコントロールできません。「愛なんてものは存在しません！　見えるものしか信じません！」という人」。

さて、男性が配偶者にしたい女性に求める一番の要素。それは「優しさ」でしたよね。愛の定義にも親切、というのが入っていますが、**人に優しいというのは魅力の一つです。**

女性としての魅力はたくさんあって、それぞれはただ一つの側面でしかなくて、外見のみならず、相手を思いやる言葉だったり、謙虚さだったり、人を愛する心だったりする、内面の充実度が魅力につながっていくものなのです。

つまり、**人の魅力の基盤は「愛」なのです。**

これはいい過ぎではありません。

愛がある人は、波動も優しく温かく、その人の近くにいると心地よく、力が湧いてくる、力をもらえる、そして安心できる——そんな女性を誰が手放したいと思うでしょうか？

心の疲れに耳を傾ける

見過ごしていると相手との関係にも響く

小さなこじれが大きなこじれを招いてしまうことがあります。そこで、そうならないように事前に対処する方法を考えてみましょう。

心を許した相手ができますと、自分の精神状態が不安定になってしまったときについ相手にあたってしまい、後で自分を責めてしまうスパイラルに陥ることがあります。

そんなときに忘れてならないのは、心が自分にこう呼びかけているサインです。

「疲れたよ〜、関心払ってよ〜、ちゃんとケアしてよ〜」

これを見過ごしてしまうと、相手との関係性にも響いてくるものです。

もちろん、男性に癒してもらうというのも手ですが、できれば心の小さな小さな芽生えたばかりのものは、自分でなんとかしたいもの。これからは**自分の心の叫びに耳を傾ける習慣をつけてみてください。**

どんなときに、その傾向が出るのかいくつか例をあげてみましょう。

◎相手にやたらイライラしてしまう
◎ねたみや憎しみの感情が出る
◎自分はダメな人間だ、とふさぎ込んでしまう
◎疲れがとれずダルい
◎自己否定感が強くなっていく

こういう傾向は、女性でしたら周期的に起きることかもしれません。

ですから、自分の過去の周期に気づき、しんどくなる前のSOSの段階で自分でケアしてあげましょう。ケアの方法は、自分なりにいくつかの手段を持っておくことをおすすめいたします。

まずは一人でやってみよう！

外向的な人であれば、みんなでワイワイすることがストレス発散になることもありますし、内向的な人であれば、瞑想や睡眠、何もしないでボーッとする時間をつくってあげることがいいかもしれません。

活動的な人であれば、汗を流すことはストレス発散としてはとても効果があります。モヤモヤしていたことが一気に消えます。

このように、**人によってストレス発散となることは違うので、自分のストレス発散法のリストを持っておくこと。**

ちなみに私の場合は、寝ることでほとんどが解決されます。しかし、疲れのレベルによっては、まったく違った方法をやらないと解消できない場合もあります。

ですから、次のようにストレスのレベルでやることも違ってきます。

◎ストレスレベル1……たくさん寝る、何もしない、運動する
◎ストレスレベル2……買い物をしたり美味しいものを食べたり、自分に贅沢を与える
◎ストレスレベル3……セルフコーチング（イラ立ちの原因などを書き出す）
◎ストレスレベル4……誰かにストレスの原因になっていることを打ち明ける

このように、自分の中でストレスレベルにあった方法をたくさん書き出しておくといいでしょう。人によって解決策は違うからです。

さて、自分の心の疲れを癒すこととパートナーシップには、どんな関係があるのでしょうか？

それは、**何もかも相手に頼らない、できることは自分でする、という自立の姿勢です。**

一般的に、男性は特に会社での嫌なことや個人的なことを、なんでもかんでもパートナーに話さないという傾向があります。

そのような状況で、女性の小さな不調をいちいち男性にぶつけたり、なんとかしてもらおうと頼り過ぎたりしていたら、ときには重く感じられることがあるかもしれません。

ですから、できることはまず自分で。自分のメンタルの安定は、他の人との関係性にも大いに関係しているからです。

特別に難しいことはありません。

自分の心の声にしっかり耳を傾けていけばいいのです。

この思いが二人をもっと引き寄せる

一緒になることで二人とも魅力的になる

理想の結婚、と聞くとあなたはどんな形で、どんな感じで結婚に至るのが理想だと考えるでしょうか?

ある女性はこう言っていました。「偶然どこかで出会って、意気投合して、自然につきあうようになり、相思相愛でそのまま結婚する。こんな流れで結婚できたらとっても理想です!」と。

現実的にいえば、そのような理想の結婚は、無理! とはいいませんが、年齢がいけばいくほど可能性が低くなっていくことは否めないでしょう。

なぜならば、**年齢とともに私たちは人生経験も重ねていき、人を見る目も養われ、実をいうと理想が少しずつ高くなっていくものだからです。**

人生経験ゆえに、その人の本質が一目で見抜けたり、直感で出会った瞬間に、この人とは、ない！　と思ってしまったりと、出会いの扉は年々狭まっていっているのです。

若いときは、世間も知らず、人を見る目もあまりありませんので、そのまま結婚するのはある意味「怖いもの知らず状態」なわけです。

そのまま結婚制度になじんですぐに子どもを持ち、すべては実際の経験を通して学んでいくので、若いうちの結婚はチャレンジャーかも知れませんが、私はGO！　だと思います。

結婚生活は、どうしても自己犠牲が伴ったり、忍耐力が必要だったりするので、人間性がどんどん磨かれていくと思うからです。

なかなか自分の思うようにいかないのが結婚生活であり、かつ思い通りいかないのが子育てだからです。そこを個人が乗り越えてこそ、成長なのです。

そして、一つ言えることとは、本書の最初でもお伝えした通り、理想の結婚とは、あなたが結婚したい、と思える条件をすべて満たしている人との結婚をすることではない、ということ。

結婚のGOサインは、**あなたが一番大切にしている価値観をその相手が持っていること。**

そして、**あなたがこれだけは嫌、と思う性質や資質を持っていないこと。**

この二つがあれば、あとは誰と結婚しても同じ、と言っても過言ではありません。その後の人生は、結婚生活で磨かれていくからです。

すべてを失ったとき、どうする?

さあ、この項目は特に重要です。

人生全般にわたって引き寄せ力がアップする方法をお伝えしたいと思います。

それは、「**感謝の気持ち**」です。

実は、これなくしては引き寄せは生じにくいのです。

なぜなら、引き寄せは満たされた気持ちや心地いい気分のときに生じやすいもの。**このとき、私たちの体からは感謝の気持ちの周波数が全身から出ています。**

その周波数があなたが引き寄せたいものを引き寄せてくれるのです。

つまり、感謝する気持ちが今の幸せに気づかせてくれるので、それによって、これからの幸せもどんどん引き寄せることができるのです。

大正・昭和初期の結婚を考えてみてください。

大昔は10代で結婚していました。

男性は18歳過ぎてから、女性はなんと、中学を出たらすぐに結婚です。昔の女性たちは今の女性たちよりもずっと大人だったのでしょう。

16歳で親に決められた人と有無をいわさず結婚させられ、離婚する確率も今とは比べ物にならないくらい低いのです。これは何を意味しているのでしょうか？**自分の運命を受け入れて、その状況で満足していた、ということです。**つまり毎日食べられることに満足し、感謝して生きていた時代です。そんな彼女たちが不幸だったとは思えません。与えられた環境の中でそれなりに幸せだったのです。

時代は進み、今は親に定められた人と結婚する、ということはほとんどなくなりました。

いわゆる恋愛結婚が多いですが、それでも日本の離婚率は２０１７年厚生労働省が出した統計では、婚姻件数60万７０００件に対し、離婚数21万２０００件。つまり既婚者の3組に1組以上は離婚している、という計算になります。

あまりにも現実的なことを書き過ぎてがっかりされたでしょうか？

しかし、がっかりする必要はありません。

これはあなたの結婚の間口を広げるものになるからです。つまり、あまり相手を選び過ぎたり、理想に固執し過ぎないことです。「理想の結婚」という自分の思い込みを外してください。

多くの場合、結婚に至る経緯はそんなにロマンティックではありません。

私も然り、ですが、よくみなさんが大切にしているプロポーズの言葉、そんなのもあったような、ないような……あえていえば、あの言葉かな？　くらいのものです。

そして、**結婚の決め手となるものは、「なんとなく……」以上の言葉にあらわしがたい確信と、この人といるのが「当たり前」のような感覚です。**

若いときは、ドキドキワクワクがあったとしても、それらのドキドキは三年もすればなくなるのです。

結婚の決め手は、あなたが思うような、素敵なシチュエーションでのプロポーズの言葉でもなければ、ロマンティックな生活を提供してくれる相手の経済力でもありません。

お互い精神的に裸になったときに残る本質がどうであるか？　そこでどう答えが出るかなのです。

その人を取り巻いているすべてがなくなってもこの人といたい、と思うかどうかなのです。

そうなると今彼が持っているものは、判断を誤らせるものとなるかもしれないので、まずは相手の持っているものをすべて除外して考えてみてください。

この項目ではずいぶんと現実的なことを書きましたが、あなたが幸せな結婚を手に入れるためには、理想的な目と直感のバランスがどうしても必要になるからです。

すべてはあなたの味方になっている

もう一度立ち上がるためにしておくこと

ある調査でもストレスの原因の上位に入っている事柄として、配偶者の死や、恋人との別れ、失恋などがありました。

あなたも大事な人との別れは一度や二度、もしかしたらそれ以上経験してきたかもしれません。

そして、その度に、「もうダメだ……立ち直れない……」と言いながらも、私たちはまた前を向き歩いてきました。

好きな人とつきあうということは、いつかは別れが必ずあります。

死が二人を分かつことも含めて、人には必ず別れがあるのです。

ある人は乗り越えるのに一番必要なのは「時間」だといいます。

しかし、時間をかけてもうまく乗り越えられない場合は、うつ病になってしまったり、病気になったりして、すっかり外見も老け込んでしまう人もいます。

では、自分の心の状態を理解しながら、上手に別れに対処していくにはどうしたらよいのでしょうか？

悲しみのプロセスを完了させないまま、何年も何年も後に引きずってしまうケースがあります。そうなりますと、次の恋に進めず、苦しみの杭を背負ったまま生きることにもなりかねません。もしかして、この本を読んでいる方の中にも、過去の恋愛にとらわれたまま前に進めない方がいらっしゃるかもしれませんね。

気持ちを後に残さないためには、相手に自分の気持ちをしっかり伝え、とことんやりあって別れるのがベストです。このときは、心の中の言いたいことを洗いざらいすべて相手に言うのが大切。我慢をしてはいけません。

別れを切り出された側ならば、「どういうこと!?」「勝手じゃない!」「私のどこが悪かったわけ?」というように、自分の気持ちをしっかり相手に伝えて、とことん話し合うなり喧嘩するなり、納得することで次のプロセスに進めるのです。話し合った結果「あっそ、あなたみたいな人、こっちからおことわりよ!」なんて思えたら、大成功です。

つまりここで大切なのは、彼への気持ちを「完了」させることなのです。

さらに別れた後に、悲しくて「泣く」ということについてですが、なかには「いつまで泣いていても何も変わらない、次なる行動を起こさなければ辛いことから抜けることはできない」とアドバイスされる方もいるかもしれません。

しかし、**泣きたいという気持ちがあるのに、このプロセスを飛ばしてはなりません。「泣く」こと、特に「号泣」はストレスからの解放にとても効果があるのです。**

泣けるシチュエーションをつくり、思う存分泣きましょう。声を上げてもいいのです。あなたが泣きやすいように、悲しい曲を聴くのもいいでしょう。その悲しい音楽が自分の気持ちを代弁してくれて、心を慰めてくれるのです。

逆に、悲しいときにそこから早く脱却しようとして、無理に反対の明るい話を聞いたり、明るい音楽を聞いても逆効果になることがあります。

プロセスとしては、まずは泣きたいなら泣くこと。明るく元気になるのはそのあとでいいのです。

気持ちが出てくるまで待てばいい

元気がないときに、前向きで積極的な人の元気な波動をもらうのも立ち直るすべの一つになるかもしれませんが、人の心というのは複雑なもので、**自分に元気がないときに元気な人のところに行くと、さらにグッタリ疲れてしまったりすることがあります。**

そこで、こういう場合はどうぞ、あなたの気持ちに寄り添ってくれる友人に心の内を打ち明けてください。

泣いてもいいし、わめいてもいいし、彼氏の悪口をいってもいいのです。その後、「綺麗になって、別れたことを後悔させてやる！」という気持ちが出てくるのを待ちましょう。

この別れに関して、無理に明るくしようとしたり、元気に振る舞おうとすると、感情のギャップで心が壊れてしまうことがあります。自分の心の叫びに寄り添ってあげてください。

そして、冷静になったときには、ご縁が切れた、ということについて考えてみましょう。ご縁がなかったということは、その人と一緒になっては、お互いに幸せになれなかったということです。

人生で起きる出来事はすべて必然です。

きっと、別れるという結果にはなったものの、あなたは彼から、または彼との関係性で学んだことはたくさんあるはずです。そう、前の章にあった「女っぷりが上がっている」。これも思い出してみてください。

そのつらい経験から、必ずや「学び」を取り出してみてください。次の恋に必ず役立つはずです。

こんなことをいっている私も、恥ずかしながら失恋したときは、世界が終わった、とすら感じました。

そのときはもう生きているのはムリ！　とまで思いました。

しかし、学びはたくさんありましたし、今思えば、あのときの彼と結婚していたら今、こうした好きな仕事もできなかったというのがわかります。

つまり、ご縁ではなかったのです。そう思うと、心が半分くらい軽くなるのではないでしょうか？

あなたにふさわしい相手は必ずいます。今はその時ではなかっただけなのです。

それでも迷ってしまったら……

本当に決められないときのとっておきの方法

私たちの人生は日々の小さな選択で成り立っています。

選択に選択を重ね、今のあなたがあるのです。

朝起きてパンを食べるかご飯にするか、から、会社に行くのに歩くか、電車に乗るか、はたまたタクシーに乗るのか。呼ばれた飲み会に行くか、行かないか？　この会社に勤めるか、やめようか。こうした日常的なことに加えて、もっと大きな選択、決定もあることでしょう。

どの職種にするのか？　住居はどこにするのか？　二人の男性で迷っている場

合、どちらがいいか？　そして、結婚しようか、それとも独身でいようか？　子どもは持つのか持たないのか？　……などなど。

つまり、**すべて自分の選択で人生はつくられているのです。**

優柔不断だと、どちらにしたらいいか、迷いに迷って、はたまた自分で決定できず、誰かに決定してもらいたくなる。そんなことはありませんか？

本当に決められないときにおすすめの方法があります。

その方法とはクジを引くことです。

クジを引く前にこう尋ねるのです。

「私にとって最善の決定はどちらでしょうか？　教えてください」と。

こんなことを書くと怒られそうですが、これは冗談ではありません。

この方法はおすすめです。

なぜならば、迷っている二つの事柄が本当にまったく同じ条件だったら、どっちを選んでも、どっちに転んでも、あなたにとっては同じだからです。だって、

50：50なんですよね？　じゃあ、条件は同じです。

決定や選択にものすごく迷う傾向がある人は、きっと、その決定に後悔したくない、という気持ちがあるからすごく迷うのでしょう。

で、ポイントはここです。**選択したら後悔しないことです。**

どっちを選択しても、しんどいこともアクシデントもいろんなことがあります。もしあっちを選択したらこんなことにはならなかっただろうな……と後で勝手に想像したとしても、別のほうを選択したらしたで、何かはあるものなのです。

選択する場合の一つのポイントは、どっちを選択しても後悔しない、と決意すること。決定の責任を自分で負う、と決意していれば、モンモンとしないものです。

決定したことは、すべて自分の人生で必然のこと。それを理解していると、どっちに行っても後悔はなくなるでしょう。

その選択肢は実は、どっちでもよくて、どっちもリスクがあって、どっちでも喜びも楽しみもあって、どちらも人生の中では学びがあって……簡単にいえば、迷って迷って迷って迷ったものは、クジで決めてもいいのです。だって、自分で決められないんですものね。

満足いかないとき、すでに答えは出ている

聖書の中におもしろい言葉があります。

クジは神様のご意思であるゆえ、昔神殿で祭司を選ぶときにはクジで選んでいたし、キリストの12使徒のうち、ユダがキリストを裏切ったので、使徒が11人になったときに、もう一人選ばなければならなくなり、そのときもクジで選んでいるのです。

そんな重要なポジションを選ぶのにクジだなんて変ですよね。

でも、クジで選ぶとき、天を仰ぎ、神様に、「私にとって、いいほうを教えてください」と祈り引く。その答えは、私の感覚からすると、タロットカードやエンジェルカードなどと、同じ効果があると思っています。

そして、ここからがちょっと重要なのですが、**その出た答えに満足がいかない**

とき、それは、あなたの中にちゃんとした答えがある、ということ。

その出た答えをあなたがどう感じるか？ が、クジを引いてみることでわかるのです。

とはいえここで大切なのは、どんな選択も決定も、その後、最善にするかどうかは、あなた次第です。

あなたが過去の選択を後悔しているうちは、選択している事柄がよくなるはずはありません。

人の道が開けるときというのは、その選んだ道を信じて前向きに突き進むときだからです。

そして、人生の中でそのときに選んだ決定、というのは必然の事柄です。

その選んだ道で何か試練があったとしても、あなたはそこを乗り越えて、人間として一回り大きくなるその経験が必要だった、というわけです。

この思考こそが、運をつかむ思考なのです。

その瞬間、本当の幸せが訪れる！

一刻一刻を大切に生きる

最後にとても大切なことをお伝えします。

運命の人を探し、結婚を追い求めていたとしても、**結局最後は「自分」です。**

どんなに幸せな結婚生活をしていたとしても、軸は自分なのです。何度も書いてきましたが、**相手に依存する幸せはもろくて壊れやすく、またそれは幻想です。**

夫婦二人が寄り添って歩いている姿などを見ていると、とても幸せそうに見えるかもしれません。

しかし、私たちには内情は見えないのです。

そして、今は癒しが必要とされている時代ゆえに、美談はたくさん発信されていますが、みながそういうわけではないということを忘れてはなりません。綾小路きみまろさんが「あれから40年」とおっしゃる通り、みんな年輪のような長い年月のドラマを抱えているのです。

私たちは一人でいても、二人でいても、自分のあり方で幸せにもなり、不幸せにもなるのです。

幸せには環境も状況もまったく関係ありません。すべては自分の見方次第です。序章でお伝えしたとおり、自分の好きなことをやってキラキラしているときに、人生の歯車はあなたの思うように進んでいきます。

それは、特別な何かをやっているときだけではありません。**日常の小さなことでも、あなたが全力で楽しんで生きていることが大切なのです。**

私はほとんど毎日コーヒー豆を挽いて、香りを楽しみながら、そして、おいしくなれ！　と念じながらドリップし、豆の香ばしい香りを思いっきり吸い込みながら自分のためだけに心を込めてコーヒーを淹れて飲んでいます。

しかも、お客様用に使っているお気に入りの、昔なら棚の奥の奥にしまい込んでいるような、ちょっと高級感のあるカップ＆ソーサーを自分のために使います。

そして、コーヒーを飲むことにものすごく集中しています。そう、五感全部を使ってコーヒーを飲むのです。

東日本大震災で電気もガスも水道も断たれたときに、私はどうしてもコーヒーが飲みたくなって、少ししかない灯油でストーブをたき、貴重な水を一杯だけ沸かしてドリップコーヒーを淹れたことがありました。そのときは無意識に五感を使ってコーヒーを飲んでいました。

コーヒーの香ばしい香りと、マグカップを通して手に伝わった熱さとがあまりにも感動的で、涙があふれたのを今でも思い出します。

それは、たくさんの知人が震災で亡くなって、生きるということや、普段の生活などが当たり前じゃない、というのを心底思い知らされた瞬間でした。

毎日の何気ないことでも、もしかしたらこれは二度と経験できなくなることかもしれない。これからは、どんな些細なことでもこの思いで、今やっていることに集中するだろう、と思いました。

当たり前に食べているご飯もお味噌汁も、おかずもしっかり噛んで味わうし、雨が降ってイヤだと思うその雨さえも、傘もささず全身にあびたい気持ちになったのです。

こうして大切な存在になる

この一刻一刻を大切に生きることと、恋愛結婚には、どんな関係があるのでしょうか？

それは、もし、恋愛関係や結婚関係に入る前に、あなたにこのような感謝の心が生まれたとき、相手も当たり前の存在ではなく、感謝の対象であることに気づき、相手をとてもとても大切に扱うようになる、ということです。

人は、大切に扱われると、自分もまたその相手を大切にしたくなるものです。

恋愛も結婚も利己的でなく、利他的になったときに、そう、つまり与えることで豊かになれたときにこそ、本当の幸せを得られるのです。

その幸せは相手に何かをしてもらう幸せよりもずっとずっと大きなものです。

人は、何かをしてもらったときよりも、自分が何か相手に与えて、その相手が喜んでくれたときに幸せが倍増するからです。

一刻一刻を当たり前のものと思わず、感謝の気持ちをもって大切に生きることに集中してみてください。

感謝の気持ちは運が回り出す最初のきっかけです。

それが、あなたが素敵なパートナーと出会う道を進む最初のきっかけとなるのです。

おわりに

幸せはすぐそこにある！

最後までお読みいただきましてありがとうございました。

この本の要点を一つだけ言うとするならば、結婚に執着せず女性としての喜びをもって生きること、あなたの喜びとなることを優先させること、これが一番伝えたかったことです。

利己的に聞こえるかもしれませんが、私たちは自分が幸せじゃない状態では人の幸せも願えませんし、心から喜べません。

それに、不幸な思考でいますと、不幸なことばかりが現実として現れます。

幸せは「なる」ものでもなく「得る」ものでもなく、「ある」ことに気づくこと。これが感謝の気持ちになって、引き寄せ力が高まっていく基本になります。

そして、あなたが喜びに満ち溢れて生活していると、きっと運命の人とも出会っていくことになるでしょう。

一人は寂しい、という世の中の洗脳から解かれてください。

一人は寂しいときもあるけど、楽しいことでもあるのです。

二人でいても、寂しいときは寂しいものです。

その執着がなくなったとき、あなたは大きなものを手にしていることでしょう。

世の中の女性が元気に、望むものすべてを手に入れて、快活に人生を歩んでいかれることを心より願っております。

最後に、一度単行本として刊行した本書を、再び大和書房の白井麻紀子さんとこうして文庫にまでさせていただき、心より感謝しております。この作品で5冊目となりました。

また、私がこうして執筆が出来ているのは、読者様の存在があったからに他なりません。

いつも、コメントやメッセージ、お手紙などで励ましの言葉を送ってくださり、本当にありがとうございました。

このたびも、皆様のおかげでこうした世の中のすべての女性に贈りたい一冊の宝物が仕上がりました。本当にありがとうございました。

感謝を込めて　二〇一九年五月　ワタナベ薫

本作品は大和出版より2013年10月に刊行された『探すのをやめた瞬間、〝運命の人〟はやってくる!』を改題し、再編集して文庫化したものです。

ワタナベ薫（わたなべ・かおる）

作家、株式会社WJプロダクツ代表取締役であり、他1社を経営する実業家。美容、健康、メンタル、自己啓発、成功哲学など、女性が内面と外面の両方から綺麗になる方法を発信。

著書に『幸せになる女の思考レッスン』（光文社）、『女は年を重ねるほど自由になる』（大和書房）など多数。

だいわ文庫

探《さが》すのをやめた瞬間《しゅんかん》、「運命《うんめい》の人《ひと》」はやってくる。

著者　ワタナベ薫《かおる》

二〇一九年五月一五日第一刷発行

発行者　佐藤 靖

発行所　大和《だいわ》書房

東京都文京区関口一―三三―四 〒一一二―〇〇一四

電話 〇三―三二〇三―四五一一

フォーマットデザイン　鈴木成一デザイン室

本文デザイン　吉田憲司（TSUMASAKI）

本文印刷　信毎書籍印刷

カバー印刷　山一印刷

製本　小泉製本

ISBN978-4-479-30761-7

乱丁本・落丁本はお取り替えいたします。

http://www.daiwashobo.co.jp

だいわ文庫の好評既刊

*北山哲
科学が解いた!? 世界の謎と不思議の事件ファイル
大洪水と方舟は実在した？ ポルターガイストの原因は？ トリノの聖骸布の信憑性は？ 伝説、伝承、謎多き事件を科学で読み解く！
680円 364-1 C

エリカ
ニューヨークの女性の「強く美しく」生きる方法
意地悪は称賛と捉える、人と違うことを恐れない——人生を思い切り味わう彼女たちの生き方。
680円 365-1 D

エリカ
ニューヨークの女性の「自分を信じて輝く」方法
人と比べず、自分の心で感じることを大切にする。感謝の気持ちを忘れない。つらいときも自分にエールを送り、自分で自分を育てる。
680円 365-2 D

長谷川朋美
やりたいことを全部やる人生
仕事ができる美人の43の秘密
高校中退、元109カリスマ店員から22歳で起業、8年間で6店舗のサロン経営。33歳女性起業家による世界一楽しい夢の叶え方。
680円 366-1 D

*茂木貞純
日本の神様 ご利益事典
知っているようで知らない八百万神の履歴書
学問の神様、縁結びの神様、厄除けの神様、立身出世・商売繁盛の神様…個性豊かな神々の起源と性格、逸話、ご利益がわかる本！
740円 367-1 E

ワタナベ薫
なぜかお金を引き寄せる女性39のルール
サイドビジネスで100万円！事業に必要な金額がピッタリ入ってきた！ 考え方を少し変えるだけで、お金がどんどん入ってくる法則。
680円 368-1 D

*印は書き下ろし

表示価格はすべて本体価格（税別）です。本体価格は変更することがあります。

だいわ文庫の好評既刊

*杉原厚吉
わかっていても騙される錯覚クイズ
動いて見える、大きく見える、違う形に見える…え?どうして? 騙される快感をたっぷり味わえる!不思議さがクセになる101題。
680円 369-1 F

*今野清志
いつでもどこでも目がよくなる小さな習慣
現代社会で生きる、眼を酷使してきたすべての人に伝えたい21の目がよくなる小さな習慣。どこにいても視力は回復します!
680円 370-1 A

*今野清志
いつでもどこでも耳がよくなる小さな習慣
いつまでも人の話をしっかり聞ける、健康な耳に! 15万人以上を治した奇跡の治療家が教える、超簡単な耳の習慣。
680円 370-2 A

*後藤元気
心震わす将棋の名対局
羽生永世七冠ら、プロ棋士たちの「魂の対局」を人気将棋ライターが厳選!
800円 371-1 F

岩井俊憲
人間関係が楽になるアドラーの教え
講演・企業研修で延べ15万人以上にアドラー心理学を伝え続けてきた著者がまとめた、「人間関係の悩み」を網羅的に解決する方法!
680円 372-1 D

岩井俊憲
感情を整えるアドラーの教え
怒りや不安、嫉妬…「負の感情」をコントロールすることで、人生は大きく好転する!アドラー心理学でわかる、自分を変えるレッスン。
680円 372-2 D

*印は書き下ろし

表示価格はすべて本体価格(税別)です。本体価格は変更することがあります。